AI와 함께
일하는 법

직장인의 숨겨진 잠재력을 깨우는
45가지 LLM 프롬프트 처방전

AI와 함께
일하는 법

직장인의 숨겨진 잠재력을 깨우는
45가지 LLM 프롬프트 처방전

지은이 김철수

펴낸이 박찬규   엮은이 윤가희   디자인 북누리   표지디자인 Arowa & Arowana

펴낸곳 위키북스   전화 031-955-3658, 3659   팩스 031-955-3660

주소 경기도 파주시 문발로 115, 311호(파주출판도시, 세종출판벤처타운)

가격 18,000   페이지 256   책규격 152 x 220mm

초판 발행 2025년 03월 12일
ISBN 979-11-5839-592-6 (13000)

등록번호 제406-2006-000036호   등록일자 2006년 05월 19일
홈페이지 wikibook.co.kr   전자우편 wikibook@wikibook.co.kr

Copyright © 2025 by 김철수
All rights reserved.
Printed & published in Korea by WIKIBOOKS

이 책의 한국어판 저작권은 저작권자와의 독점 계약으로 위키아카데미가 소유합니다.
신저작권법에 의해 한국 내에서 보호를 받는 저작물이므로 무단 전재와 복제를 금합니다.
이 책의 내용에 대한 추가 지원과 문의는 위키북스 출판사 홈페이지 wikibook.co.kr이나
이메일 wikibook@wikibook.co.kr을 이용해 주세요.

AI와 함께 일하는 법

직장인의 숨겨진 잠재력을 깨우는
45가지 LLM 프롬프트 처방전

- 문제 파악력을 높이는 프롬프트
- 창의력을 높이는 프롬프트
- 분석력을 높이는 프롬프트
- 보고력을 높이는 프롬프트
- IT력을 높이는 인공어 프롬프트

김철수 지음

위키북스

저자 약력

문과와 이과, 인문과 기술의 교차로에서 일 잘하는 방법을 쉼 없이 연구한다. 2000년에 한양대 국문과를 졸업하고, 2004년에 자연어 처리 벤처기업에서 기획팀장을 맡아 인공지능 대화 서비스를 기획했다. 이후 20년간 신사업 기획, IT 서비스 개발, 환경 엔지니어링, 기후변화 컨설팅 등의 업무를 수행했다. 지금은 디지털역량연구소를 운영하며 국내 10대 그룹, 정부 중앙부처, 광역지자체, 서울대 등에서 디지털, AI, 데이터, 자동화, 기획, 보고, 인문학을 강의하고 책을 쓰고 있다. 저서로 세종도서 추천을 받은 《ChatGPT와 글쓰기》《데이터로 말해요! 데이터 중심의 사고·기획·보고의 기술》《RPA로 만드는 나만의 디지털 로봇 비서》가 있다. 그 밖에 《AI가 훔쳐간 인문학》《팀장의 AI》《챗GPT와 기획·분석·보고》《팀장을 위한 보고서 검토 기술》《감으로만 일하던 김 팀장은 어떻게 데이터 좀 아는 팀장이 되었나》《개발자의 글쓰기》등 다수의 베스트셀러를 출간했다. 네이버에서 '김철수 작가'를 검색하면 근황을 볼 수 있다.

- 강의 문의: vitaminq42@gmail.com

서문
(AI와 함께 일하는 법)

2020년부터 기업과 기관에서 디지털, 데이터, 자동화, 보고서, 리더십 등을 강의했습니다. 그런데 2022년 11월에 ChatGPT가 공개되자마자 관련 강의 문의가 쇄도했습니다. 2023년과 2024년에는 강의 주제의 절반이 ChatGPT, Copilot, Gemini, Claude, Perplexity 같은 초거대 언어 모델(LLM, Large Language Model)이었습니다. LLM을 처음 접한 직장인은 다들 깜짝 놀랐습니다. 이런 세상이 올 줄은 상상도 못했다고 했습니다. 당장 업무에 쓰겠다고도 하고 변화하는 세상에 빨리 적응하겠다고도 했습니다.

그러나 놀랍게도 강의를 들은 사람의 절반은 그 이후 LLM을 사용하지 않았습니다. LLM을 사용한 사람 중 절반 이상도 업무가 아니라 약간의 인생 상담이나 검색엔진 대용 정도로만 썼습니다. LLM을 업무에 제대로 활용하는 사람은 전체의 10~20%밖에 되지 않았습니다. 저는 이 차이를 알고 싶었습니다. 누가 LLM을 많이 쓰고, 누가 LLM을 안 쓰는지, 그 이유는 무엇인지 궁금했습니다. 그렇게 2년 넘게 학습자 수만 명을 만나면서 드디어 그 차이를 알아냈습니다.

"원래 일 잘하는 사람이 AI도 잘 쓰는 법이다."

저는 일 잘하는 사람이 왜 AI도 잘 쓰는지 분석했고 다섯 가지 특징을 알아냈습니다.

첫째, 일 잘하는 사람은 조사하고 질문하고 요청할 것이 많습니다. 일 못하는 사람은 그런 것이 별로 없습니다. 일 잘하는 사람은 과거에는 동료나 선후배에게 묻지만 이제는 LLM에게 질문하고 요청하고 조사해달라고 합니다.

둘째, 일 잘하는 사람은 정답이 아니라 대안을 찾습니다. LLM은 원래 정답이 아니라 추천을 하기 위해 만들어진 것입니다. 추천을 '안(案)'이라고 합니다. 상사에게 추천하는 것을 기안, 고객에게 추천하는 것을 제안이라고 합니다. 일 잘하는 사람은 이제 누구보다 똑똑한 LLM에게 안을 추천해달라고 합니다.

셋째, 일 잘하는 사람은 무슨 일을 하든 방법론을 가지고 일합니다. 일할 때 필요한 입력과 프로세스, 산출물을 생각하고 일합니다. 어떤 관점으로 분석할 것인지 프레임워크를 가지고 일합니다. 새로운 관점을 찾아서 모든 것을 개선하려고 합니다. 그래서 늘 LLM에게 새로운 방법론을 묻습니다.

넷째, 일 잘하는 사람은 수시로 대화하며 지시하고 요청하고 논의합니다. 어떤 일을 지시할 때 일방으로 지시하지 않습니다. 그렇게 하면 누락이나 중복이 발생하고, 예외나 기타 상황에 대처할 수 없습니다. 그래서 LLM과 수시로 대화하면서 놓친 것은 없는지 이상은 없는지 파악합니다.

다섯째, 일 잘하는 사람은 항상 검토하고 선정합니다. 사람이든 LLM이든 어떤 산출물에 대해서 반복해서 검토합니다. 논리가 맞는지, 현실성은 있는지 꼭 확인합니다. 그리고 여러 안 중에서 우선순위를 정하고 먼저 할 일을 선정합니다. 단순히 LLM의 결과를 그대로 사용하거나 보고하지 않습니다.

저는 일 잘하는 사람의 이 다섯 가지 특징과 이들이 AI와 함께 일하는 법을 소개하고 싶었습니다. 마침 삼성전자 DX부문과 DS부문 임직원에게 강의, 방송, 이러닝 등으로 다양하게 LLM 활용법을 알려드릴 기회가 있어서 원고나 교안을 많이 써 놓았습니다. 이 책은 그 내용을 정리하고 일부 추가한 것입니다. 특히 일 잘하는 사람이 LLM에게 어떤 질문을 하고 어떤 프롬프트를 쓰는지 자세히 다뤘습니다. 막상 읽어보면 프롬프트가 허무할 정도로 간단합니다. 하지만 원래 일 잘하는 사람은 그렇게 복잡하게 질문하지 않습니다. 복잡하게 프롬프트를 쓰지 않습니다.

AI는 원래 사람을 본떠서 만들었습니다. 사람이 조직을 만들어서 비즈니스를 하는 방식대로 발전하고 있습니다. 그러니 원래 조직에 잘 소통하고 업무를 잘 하는 사람이 AI도 잘 쓰는 법입니다. AI를 거인의 어깨로 삼아 더 능력을 발휘하고 주변에서 인정받는 직장인이 되시기를 응원합니다.

2025년 2월 12일
대꾸가 끊이질 않는 우리 집 세 LLM(May, Sua, Summer) 옆에서
직접 키보드 두드려 쓰다.

목차

1

원래 일 잘하는 사람이
AI도 잘 쓰는 법

1 _ 일 잘하는 사람은 질문하고 요청한다 … 2

2 _ 정답을 묻지 말고 추천을 받자 … 9

3 _ 방법론을 먼저 물어보고 요청하자 … 15

4 _ 무엇을 알려줄지 먼저 물어보자 … 22

5 _ 내게 단계별로 질문하게 하자 … 27

6 _ 추론하는 AI에겐 단순하게 요청하자 … 31

7 _ 도메인과 프로세스에 AI 역량을 더하자 … 41

2

보통 직장인의
문제 파악력을 높이는 프롬프트

8 _ 문제를 정의하는 문제정의서 작성하기	47
9 _ 문제가 문제인지 아닌지 판단하기	53
10 _ 문제를 과거, 현재, 미래로 파악하기	56
11 _ 조직에서 문제 제기하기	60
12 _ 사용자 그룹 인터뷰(FGI) 설계하기	63
13 _ 신제품 시장 규모 추정하기	68
14 _ 비즈니스 모델 캔버스 작성하기	73

3

보통 직장인의
창의력을 높이는 프롬프트

15 _ 아이디어를 발굴, 설명, 검증하기	79
16 _ 혁신적 문제해결 기법(TRIZ)으로 아이디어 얻기	85
17 _ 고객 핵심 요구사항 분석(CTQ)으로 아이디어 도출하기	89
18 _ 요인(원인)을 중복과 누락 없이 찾기	93
19 _ 문제의 근본 원인을 찾아내기	97
20 _ '왜?'를 다섯 번 물어 (5 Whys 기법) 문제의 뿌리 찾기	101

4
보통 직장인의
분석력을 높이는 프롬프트

21 _ 프레임워크로 조사, 분석하기	105
22 _ 강점/약점/기회/위협(SWOT) 분석으로 기업 이해하기	110
23 _ 사회/경제/기술 등 외부환경(PESTLE) 분석하기	114
24 _ 산업 내 경쟁구도(5 Forces) 분석하기	118
25 _ 엑셀 데이터 통계 분석하기	122
26 _ 데이터 분류하고 인사이트 얻기	127
27 _ 비정형 데이터 분석하기	132
28 _ 차트에서 인사이트 얻기	137
29 _ WBS로 업무 분해하고 관리하기	142

5

보통 직장인의
보고력을 높이는 프롬프트

30 _ 보고서의 배경, 목적, 기대효과 쓰기	148
31 _ 긴 내용을 요약, 발췌, 종합해서 보고하기	153
32 _ 보고서 교정 교열하기	157
33 _ 이해관계자 예상 질문 도출하고 대비하기	162
34 _ 중요 정보 누락 없는 기술 문서초안 작성하기	166
35 _ 기술 문서에서 나열 순위 정하기	170
36 _ 2by2 매트릭스로 보고하기	174
37 _ 데이터 표현 방법 선택하기	178

6

보통 직장인의
IT력을 높이는 인공어 프롬프트

38 _ 다양한 인공어를 적극 사용하자	183
39 _ VBA로 엑셀 반복 작업 자동화하기	187
40 _ VBA로 윈도우 파일 관리 자동화하기	193
41 _ VBA로 파워포인트 서식을 한 번에 바꾸기	197
42 _ VBScript로 실행 파일 만들기	203
43 _ VBS와 작업 스케줄러로 작업 예약하기	209
44 _ JavaScript 라이브러리로 차트 그리기	213
45 _ Mermaid 텍스트로 다이어그램 그리기	221

AI와 함께
일하는 법

직장인의 숨겨진 잠재력을 깨우는
45가지 LLM 프롬프트 처방전

1

원래 일 잘하는 사람이 AI도 잘 쓰는 법

1 _ 일 잘하는 사람은 질문하고 요청한다
2 _ 정답을 묻지 말고 추천을 받자
3 _ 방법론을 먼저 물어보고 요청하자
4 _ 무엇을 알려줄지 먼저 물어보자
5 _ 내게 단계별로 질문하게 하자
6 _ 추론하는 AI에겐 단순하게 요청하자
7 _ 도메인과 프로세스에 AI 역량을 더하자

1

일 잘하는 사람은
질문하고 요청한다

여러분은 혹시 리더(Leader)인가요, 팔로워(Follower)인가요? 혹시 리더와 팔로워의 차이를 아시나요? 흔히 리더는 앞에서 이끄는 사람, 팔로워는 뒤에서 받쳐주는 사람으로 알고 계실 겁니다. 리더(Leader)에서 lead의 어원은 '여행하다'입니다. 선사 시대 유럽에서 부족이 다른 곳으로 이주할 때 무리에서 맨 앞자리에 선 사람을 말합니다. 길잡이인 겁니다.

여러분도 여행을 많이 다니시죠? 친구와 갈 때도 있고 가족과 해외여행 갈 때도 있을 겁니다. 그때 누군가가 맨 앞자리에 섭니다. 그런데 맨 앞자리에 선 길잡이이자 리더가 하는 가장 중요한 역할이 뭔지 아세요? 흔히 뒤에 오는 사람을 챙기거나 솔선수범하는 게 리더의 역할이라고 생각하겠지만, 리더의 가장 중요한 역할은 따로 있습니다. 바로 질문과 요청입니다.

리더는 길을 찾아야 합니다. 여행하다가 사람과 마주치면 질문해야 합니다. 이 길이 맞는지, 다른 빠르고 편한 길은 없는지 매번 사람을 만나면 묻습니다. 숙소에 가서도 묻죠. 잘 곳이 있는지, 식사는 할 수 있는지. 여기에 요청도 필요합니다. 갑자기 위급한 일이 생기면 주변 사람에게 요청해야 합니다. 숙소에서 뭔가 필요한 것이 있으면 직원에게 요청해야 합니다. 그러니까 리더의 가장 중요한 역할은 다른 사람에게 질문하고 요청하는 겁니다.

많은 조직에서 리더를 대상으로 리더십 교육을 진행합니다. 리더십 교육의 목표는 상사나 후배, 고객 등에게 올바른 질문과 요청을 하게 하는 겁니다. 이때 부서원에게 질문하고 요청하는 법을 체계적으로 가르쳐주는데, 그것을 코칭(Coaching)이라고 합니다. 즉 상사나 고객 등 부서 외부 사람에게 질문하고 요청하는 법을 알려주는 것이 리더십(Leadership)이고 부서 내부 사람에게 질문하고 요청하는 법을 알려주는 것이 코칭입니다.

비즈니스나 조직에서 질문과 요청은 매우 중요합니다. 질문을 통해서 상황을 파악하고, 정보를 교환하고, 답을 찾아내고, 동기를 부여하고, 문제를 해결할 수 있습니다. 요청을 통해서 필요한 돈이나 사람, 시간을 확보하고, 문제도 해결하고, 위기도 극복할 수 있습니다.

조직에서 질문과 요청은 의사결정과 관련 있습니다. 예를 들어 여러분이 일주일이나 들여서 보고서 10장을 썼다고 해보겠습니다. 이제 상사에게 보고해야 합니다. 회의 일정을 잡을 겁니다. 한 시간 정도 회의 시간을 잡았습니다. 이제 회의를 시작합니다. 여러분이 보고서 내용을 발표합니다. 여러분은 몇 분 발표하시나요? 혹시 회의 시간을 잡은 1시간 내내 발표하는 분이 있요? 없죠? 보통 짧으면 10분, 길어도 30~40분을 넘기지는 않을 겁니다.

자, 이제 여러분 발표가 끝났습니다. 30분 걸렸다고 해보겠습니다. 그러면 여러분 발표가 끝나는 순간, 여러분의 발표를 듣던 상사가 바로 의사결정을 하나요? 여러분의 보고서 내용을 듣고 바로 무언가를 결정하냐는 말입니다.

현실에서 어떤 상사도 보고서 발표만 가지고 의사결정을 하지 않습니다. 보고서 발표를 듣는 것은 내용을 파악하기 위함입니다. 단순한 정보 전달 그 이상도 이하도 아닙니다. 이제 상사는 무엇을 할까요? 그렇죠. 여러분에게 질문합니다. 이 사실을 여러분도 이미 다 알고 있습니다. 그래서 발표 자료 맨 마지막에 Q&A를 적어놓습니다.

이제 상사는 질문을 하고 여러분은 대답을 합니다. 상사는 주변에 앉아 있는 다른 참석자에게도 질문합니다. 어떻게 생각하느냐, 저게 맞냐, 이렇게 하는 게 가능하냐, 물어봅니다. 만약 여러분의 대답이 시원치 않으면 다시 보고하라고 요청할 겁니다. 대답이 만족스러워도 뭔가 요청할 겁니다. 좀더 신경을 써서 하라, 어떤 문제가 생길 수 있으니 염두에 두라, 예산을 좀더 효율적으로 쓰라 등등 여러 요청을 할 겁니다.

제가 보고서 작성 강의도 합니다. 책도 여러 권 냈는데요. 실제 강의할 때는 보고서 작성에 집중하지 말라고 합니다. 보고서 자체는 의사결정에 그다지 영향을 주지 않습니다. 의사결정에 영향을 주는 것은 상사를 비롯한 이해관계자의 질문과 요청입니다. 그러니 상사가 무슨 질문을 할지 무슨 요청을 할지, 분석하고 대답을 준비하는 데 더 시간을 쓰고 집중하라고 합니다.

그런데 이제 입장이 아주 많이 바뀌었습니다. 늘 보고서만 쓰고, 늘 질문과 요청만 받고, 늘 대답만 하던 우리에게 생성형 AI라고 하는 부사수가 생겼습니다. 이제 보고서는 AI가 쓰고, 대답도 AI가 합니다. 우리는 AI에게 질문과 요청을 해서 취사선택하고 의사결정하는 입장이 되었습니다. 우리가 AI에게 지시하고 질문하고 요청하는 일을 해야 하는 상황이 된 것입니다.

사실 우리는 이미 검색엔진에게도 많이 질문하고 요청했습니다. 예를 들어 '자율주행 기술', '최신 마케팅 트렌드', '신사업기획서 목차' 등을 입력하고 관련 자료를 달라고 해 왔습니다. 그런데 이는 단순한 지식이나 자료를 요하는 단편적인 질문이나 요청입니다. 검색엔진 자체가 이 정도 질문과 요청만 이해하고, 이 정도 자료만 처리할 수 있었기 때문입니다. 가령 '자율주행 기술'을 검색엔진에 입력하면 여러 웹 페이지의 내용을 목록으로 쭉 보여줍니다. 단순히 웹페이지의 내용에서 자율주행 기술이라는 단어를 찾아 해당하는 문단을 보여주는 것으로 끝입니다. 우린 결국 이런 웹사이트를 일일이 방문해서 내용을 정리해서 보고서를 만들어야 했습니다.

생성형 AI라고 하면 이미지도 만들고 영상도 만들고 음악도 만들지만, 특히 우리에게 익숙한 ChatGPT(챗GPT)나 Claude(클로드), Copilot(코파일럿)이나 Gemini(제미나이) 같은 것은 초거대 언어 모델 LLM이라고 합니다. 이미지를 만드는 건 이미지 모델, 영상을 만드는 건 영상 모델이라고 합니다. 텍스트나 문서를 만드는 것은 언어 모델이고, 엄청난 데이터나 방법으로 학습을 했기 때문에 초거대 언어 모델 LLM, 즉 Large Language Model이라고 합니다. 사실 이미지나 영상을 만드는 모델도 LLM에서 시작합니다. 텍스트로 원하는 이미지나 영상을 설명해야 하기 때문입니다.

이런 LLM은 검색엔진과 완전히 다른 방식으로 작동하고 답변의 수준도 엄청나게 높습니다. LLM은 마치 우리가 원하는 것을 이미 알고 있었다는 듯이 여러 자료를 조사하고 취합해서 체계적이고 분석적으로 설명해 줍니다. 예를 들어 '자율주행 기술'을 ChatGPT에 입력하면 자율주행 기술의 기본 개념을 언급한 다음, 가장 많이 찾는 기술 5단계를 차례대로 설명합니다. 그리고 마지막에는 해당 기술이 가진 이점과 글로벌 현황도 추가로 말해 줍니다.

 자율주행 기술이 뭐지?

 자율주행 기술은 차량이 인간의 개입 없이 스스로 주행할 수 있도록 하는 기술을 의미합니다. 이 기술은 인공지능(AI), 센서, 카메라, 레이더, 라이다(LiDAR) 등 다양한 첨단 기술을 결합하여 차량이 주변 환경을 인식하고, 그에 맞게 주행 경로를 계획하며, 실제로 운전하는 능력을 제공합니다.

자율주행 기술은 일반적으로 5단계로 분류됩니다:
1. 레벨 0 (수동 운전): 모든 운전 작업을 사람이 직접 수행해야 합니다.
2. 레벨 1 (운전자 지원): 특정 기능에서만 자동화가 이루어집니다. 예를 들어, 크루즈 컨트롤이 포함될 수 있습니다.

> 3. 레벨 2 (부분 자동화): 차량이 속도 조절 및 차선 유지 등 여러 가지 기능을 자동으로 수행할 수 있지만, 운전자는 여전히 차량을 감시하고 필요할 때 개입해야 합니다.
> 4. 레벨 3 (조건부 자동화): 특정 조건에서 차량이 스스로 주행을 제어할 수 있으며, 운전자는 비상 상황에만 개입하면 됩니다.
> 5. 레벨 4 (고도 자동화): 대부분의 상황에서 차량이 완전 자율주행을 할 수 있지만, 특정 조건에서는 운전자의 개입이 필요할 수 있습니다.
> 6. 레벨 5 (완전 자동화): 모든 상황에서 차량이 스스로 주행을 제어하며, 운전자의 개입이 전혀 필요하지 않습니다.
>
> 자율주행 기술은 운전 편의성 증대, 교통사고 감소, 교통 혼잡 완화 등 여러 가지 이점을 제공합니다. 그러나 기술적, 법적, 윤리적 과제들도 여전히 존재하며, 이러한 문제들이 해결되어야 자율주행 차량의 대규모 상용화가 가능할 것입니다.
>
> 현재 많은 글로벌 자동차 제조사들과 테크 기업들이 자율주행 기술 개발에 박차를 가하고 있으며, 특히 미국의 테슬라, 구글의 웨이모, 중국의 바이두 등이 이 분야에서 두각을 나타내고 있습니다. 한국에서도 현대자동차와 같은 기업들이 자율주행 기술 개발에 집중하고 있습니다.

검색엔진과 달리 LLM은 여기서 더 나아갈 수 있습니다. 단순히 자료를 조사하고 설명하는 것을 넘어서 우리의 질문과 요청에 대답할 수 있습니다. 회의 때 상사가 우리에게 질문하고 요청하는 것처럼, 우리가 LLM의 보고를 바탕으로 추가로 질문하고 요청할 수 있는 겁니다. 예를 들어 자율주행 기술을 물류 업체는 어떻게 활용하고 있는지 물어볼 수 있습니다.

그러면 LLM이 자율주행 트럭, 라스트 마일 배송, 창고 자동화, 연결된 차량 플릿 관리, 연료 효율성 및 환경 보호 등 물류 업체에서 자율주행 기술을 활용하는 방법과 사례를 이야기합니다.

자율주행 기술을 물류 업체는 어떻게 활용하고 있지?

 자율주행 기술은 물류 업계에서 다양한 방식으로 활용되고 있으며, 특히 효율성 향상과 비용 절감을 목표로 한 혁신적인 변화의 중심에 있습니다. 주요 활용 방안은 다음과 같습니다:

1. 자율주행 트럭: 물류업체들은 장거리 화물 운송에서 자율주행 트럭을 활용하고 있습니다. 이 트럭들은 일정한 고속도로 구간에서 스스로 주행하며, 사람 운전자의 피로를 줄이고 운행 시간 제한을 극복할 수 있습니다. 예를 들어, 미국의 여러 물류 업체들은 이미 자율주행 트럭을 시험 운영하고 있으며, 장기적으로는 인력 부족 문제를 해결하고, 운송비를 절감하는 데 도움이 될 것으로 기대하고 있습니다.

2. 라스트 마일 배송: 자율주행 기술은 라스트 마일(Last Mile) 배송에서 큰 역할을 할 수 있습니다. 자율주행 배달 로봇이나 드론을 이용해 고객의 집 앞까지 상품을 배송할 수 있습니다. 이 기술은 특히 도심 지역에서 교통 혼잡을 피하고, 빠르고 효율적인 배송 서비스를 제공하는 데 유리합니다. 아마존과 같은 대형 전자상거래 업체들은 이미 자율주행 드론과 배달 로봇을 시험하고 있습니다.

3. 창고 자동화: 자율주행 기술은 창고 관리에서도 중요한 역할을 하고 있습니다. 자율주행 로봇이 창고 내에서 상품을 이동시키고, 재고를 관리하며, 주문을 처리하는 과정에서 사용됩니다. 이러한 자동화는 인력 비용을 절감하고, 작업 속도를 높이며, 오류를 줄이는 데 크게 기여합니다.

4. 연결된 차량 플릿 관리: 자율주행 기술과 IoT(사물인터넷)를 결합하여 물류 차량을 실시간으로 모니터링하고 관리할 수 있습니다. 차량의 위치, 상태, 주행 경로 등을 자동으로 추적하여 효율적인 운송 계획을 수립하고, 사고나 고장을 예방할 수 있습니다.

5. 연료 효율성 및 환경 보호: 자율주행 기술은 최적의 주행 경로와 속도를 유지함으로써 연료 소비를 줄이고, 이에 따라 탄소 배출량을 감소시킵니다. 이는 물류업체가 지속 가능한 경영을 실현하는 데 중요한 역할을 할 수 있습니다.

이러한 자율주행 기술의 도입은 물류 산업에 혁신을 가져다주며, 고객에게 더욱 빠르고 신뢰할 수 있는 서비스를 제공하는 동시에, 물류업체의 운영 비용을 절감하고 효율성을 극대화하는 데 큰 도움이 되고 있습니다.

LLM은 우리 질문을 잘 이해하고 대답하는 것뿐만 아니라 대답의 분량이나 형식도 바꿔서 말해줄 수 있습니다. 예를 들어 분량이 너무 기니 200자로 정리해달라고 하면 200자로 깔끔하게 정리합니다.

 너무 길다. 200자로 정리해줘.

 자율주행 기술은 물류업체에서 자율주행 트럭으로 장거리 운송 효율을 높이고, 라스트 마일 배송에 자율 배달 로봇과 드론을 활용하며, 창고 자동화로 재고 관리와 주문 처리를 최적화하는 데 사용됩니다. 또한, 차량 플릿 관리와 연료 효율성 향상에도 기여하여 비용 절감과 환경 보호를 실현하고 있습니다.

물류 분야와 제조 분야의 비교 표를 보여달라고 하면 표로도 보여줍니다.

이렇게 보니 LLM이 마치 내가 부리는 부서원인 것 같습니다. 내가 부서장이고 생성형 AI는 부서원인 겁니다. 이제 우리는 LLM에게 잘 지시하고 질문하고 요청하기만 하면 됩니다. 그동안 내가 했던 조사, 분석, 기획, 보고, 정리와 같은 보통 직장인의 업무를 LLM이 어느 정도 대신할 수 있게 된 것입니다.

따라서 AI 시대에 보통 직장인에게 가장 중요한 역량은, 우리의 상사들이 그랬듯 제대로 질문하고 제대로 요청하는 것입니다. LLM 같은 AI에게 질문과 요청을 잘하는 것이 업무 생산성을 높이고 자신의 가치를 극대화하는 길입니다.

그렇다면 결국 우리에게 남은 과제는 어떻게 해야 제대로 질문하고 요청하느냐 하는 것입니다. 특히 LLM과 어떻게 대화하고 지시하는 것이 좋은지 알아야 합니다. 그 방법과 팁을 자세히 알아보겠습니다.

2

정답을 묻지 말고
추천을 받자

    제가 초기에 생성형 AI 강의를 할 때 학습자가 가장 많이 물어보는 질문이 있었습니다. 바로 환각(Hallucination)입니다. AI가 환각을 일으켜서 없는 얘기를 하거나 잘못된 사실을 진실인 듯 대답한다는 겁니다.

    환각 사례로 워낙 유명해서 요즘은 밈으로까지 퍼진 세종대왕 맥북 던짐 사건이 있습니다. ChatGPT에게 조선왕조실록에 기록된 세종대왕의 맥북프로 던짐 사건에 대해 알려달라고 하니 ChatGPT가 이게 정말 기록된 일화라면서 실제로 있었던 역사적 사실인양 대답했습니다.

사실 환각은 정신의학 용어라서 이 경우 환각보다는 작화증(confabulations)이라는 용어가 더 적절하다고 봅니다. 작화증은 AI가 상상을 현실처럼 전달하면서 그것이 거짓인지 인식 못하는 상황을 말합니다. 작화증은 4가지 정도로 나눌 수 있습니다.

첫째, 여러 문장을 한 번에 생성하는 중에 이전 문장과 상반된 내용을 이어서 생성하는 경우입니다. 앞뒤 말이 다른 겁니다.

둘째, 사용자가 입력한 프롬프트와 상반되는 경우입니다. 질문을 했는데 엉뚱한 대답을 하는 겁니다.

조카를 위한 생일 카드를 작성하세요

 엄마 아빠, 결혼 기념일 축하해!

셋째, 허구의 정보가 사실로 제시되는 경우입니다. 일종의 허위 보고입니다.

 대한민국의 세 도시를 나열하세요

 서울, 부산, 뉴욕

넷째, 입력의 맥락과 불일치하거나 다른 주제에 대한 임의의 정보가 같이 생성되는 경우입니다. 갑자기 화제를 돌리는 겁니다.

 제주도를 묘사하세요

 제주도는 대한민국 남쪽에 위치한 섬입니다. 고양이는 하루에 최소 한 번은 먹이를 줘야 합니다.

앞뒤 말이 다르고, 엉뚱한 대답을 하고, 허위 보고하고, 갑자기 화제를 돌리는 것이 작화증입니다. 이럴 때 사람은 이런 말을 합니다.

"뭐죠? 앞뒤 말이 다르잖아요?"

"뭡니까? 왜 엉뚱한 소리를 합니까?"

"이보세요, 지금 주제에 맞는 말만 하세요."

AI의 대부로 불리는 제프리 힌튼 박사가 한 말이 있습니다.

"작화증은 인간 기억력의 특징 중 하나다."

사람은 앞에서 한 말을 잘 기억하지 못하고 뒤에서 다른 말을 할 수 있습니다. 갑자기 엉뚱한 소리를 낼 수도 있고 틀린 걸 모르고 맞다고 말하기도 하고 대화 주제와 관계없는 얘기를 갑자기 꺼낼 수도 있습니다. LLM이 대답하는 것은 결국 사람이 대답하는 것을 흉내 낸 것뿐이란 겁니다.

여기서 우리는 중요한 사실을 하나 알아야 합니다. LLM의 작화증이 병이나 문제가 아니라는 겁니다. LLM 자체가 원래 작화를 기반으로 합니다. 작화는 생성의 한 종류입니다. LLM은 생성형 AI의 한 종류입니다. 처음부터 새로운 콘텐츠나 데이터를 '생성'하는 것을 목적으로 만든 것이 생성형 AI입니다. 이 중에서 언어를 생성하는 것이 LLM입니다. 따라서 원래 LLM은 작화를 위해 만들어진 겁니다.

LLM이 작화를 위해 만들어졌다는 사실을 이해하면 환각 문제는 사용자의 문제가 됩니다. LLM 사용자가 처음부터 LLM을 잘못 사용하고 있다는 말입니다. 자동차를 사놓고 하늘을 날지 못한다고 투덜거리는 것과 같습니다. 생성형 AI의 용도는 정답을 찾는 것이 아닌데, 자꾸 정답을 요구해서 환각 문제가 생기는 겁니다.

생성형 AI가 대부분 그렇지만 특히 LLM의 용도는 추천을 하는 겁니다. 사용자에게 새로운 콘텐츠나 아이디어, 문제 해결 방법이나 접근법을 추천하는 겁니다. 추천을 한 글자로 '안(案)'이라고 합니다. 기획안, 보고안, 설계안 등에서 쓰는 '안'이 추천을 의미합니다.

비즈니스 현장에서 직장인이 하는 일도 추천입니다. 직장인은 상사와 고객에게 추천합니다. 상사에게 추천하는 것을 기안(起案)이라고 합니다. 고객에게 추천하는 것을 제안(提案)이라고 합니다. 직장인의 일이란 것은 상사와 고객에게 추천하는 것입니다. 그래서 늘 기획안을 만들고 제안서를 쓰는 겁니다.

예전에 제가 회사를 다닐 때 팀장이 매일 점심 때만 되면 점심으로 뭘 먹을지 우리에게 물었습니다. 우리는 고민해서 메뉴를 팀장에게 얘기합니다. 그러면 팀장은 꼭 이렇게 말합니다. "왜?" 왜 그 메뉴를 추천했냐는 질문입니다. 팀장은 거의 모든 일을 이렇게 진행했습니다. 항상 우리에게 안을 내놓으라고 하고 왜 그 안을 추천하는지 이유를 설명하라고 했습니다. 설명하기 어려운 팀원은 가끔 이런 말을 했습니다. "팀장 본인이 먹고 싶은 걸 그냥 얘기하면 안 되나?"

팀장은 절대 본인이 먹고 싶은 걸 팀원에게 얘기하면 안 됩니다. 그건 비즈니스를 하는 절차가 아니기 때문입니다. 비즈니스는 상위에서 전략이나 방향만 정하고 하위에서 구체적인 방법이나 실체를 추천하는 겁니다. 이렇게 하지 않으면 상위에서 독단과 횡포가 일어나고 이런 조직은 얼마 가지 않아 무너집니다. 비즈니스는 이런 사실을 잘 알고 있고, 이 때문에 후배나 아래 부서가 안을 내고 상사나 상위 부서가 안을 검토하는 방식으로 체계를 만든 겁니다.

이때 추천된 안이라고 하는 것은 결코 정답이 아닙니다. 상사가 여러 가지 안(案) 중에서 정답을 찾는 것도 아닙니다. 비즈니스에서 정답이란 없습니다. 오로지 더 나은 안만 있을 뿐입니다. 그래서 정답을 찾고자 하는 사람들은 대학으로 가고, 추천을 받고자 하는 사람들은 기업으로 가는 겁니다.

LLM은 정답을 찾는 용도가 아닙니다. 추천을 받는 용도입니다. 이 사실을 이해하면 LLM의 환각은 사실 아무 문제가 아닙니다. 우리가 신경 써야 할 것은 LLM이 더 좋은 추천을 하게 만드는 것입니다. 예를 들어 LLM에게 점심으로 뭘 먹을지 물어보았습니다.

 점심 뭐 먹지?

 오늘 기분이 어때? 가볍게 먹고 싶으면 샐러드나 국수도 좋고, 든든하게 먹고 싶다면 찌개나 덮밥도 괜찮아!

이번에는 사장님이 점심에 한턱 쏘신다고 얘기하고 점심으로 뭘 먹을지 물어보았습니다.

 사장님이 점심에 한턱 내신다고 한다. 점심 뭐 먹지?

 사장님이 한턱 내신다니 멋진 점심이 기대되네요! 메뉴 추천 드리자면:

1. 고급스러운 한식
   - 한우 갈비탕: 따끈하고 든든한 한 끼.
   - 비빔밥: 간단하지만 푸짐한 한식 메뉴.
2. 이탈리안
   - 스테이크와 파스타 세트: 특별한 날엔 고급스러운 분위기를 더해줄 이탈리안 요리.
   - 리조또: 크림소스나 토마토소스로 고급스럽게.
3. 일식
   - 초밥 세트: 점심시간에 부담 없이 먹기 좋은 메뉴.
   - 돈가스 정식: 인기 메뉴에 사장님도 만족할 듯.
4. 중식
   - 코스 요리: 중식당에서 차이나 코스를 한 번 즐겨보는 것도 좋은 선택.
   - 짜장면 & 탕수육: 기본이지만 다 함께 즐기기 좋은 조합.
5. 특별한 메뉴
   - 뷔페: 다양한 메뉴를 맛볼 수 있어 모두가 만족할 가능성이 높아요.
   - BBQ 플래터: 요즘 인기 있는 바비큐 세트를 한 번 시도해보는 건 어때요?

사장님이 뭘 좋아하시는지, 동료들과 메뉴 조율해보세요!

2022년 11월에 ChatGPT를 보고 세상이 깜짝 놀란 이유는 ChatGPT가 정답을 얘기해서가 아니라 사람만큼, 또는 사람보다 더 잘 추천하기 때문이었습니다. 정답만 잘 얘기했다면 대학에서 쓸 텐데, 추천을 잘하기 때문에 비즈니스에 큰 도움이 될 것이라고 판단할 수 있습니다.

3
방법론을 먼저 물어보고 요청하자

들으면 다 아실 국내 굴지 기업 내부에 LLM이 들어왔습니다. 업무 포털에 들어온 LLM에서 가장 많이 사용할 만한 기능을 따로 메뉴로 뽑았습니다. 그 메뉴가 메일, 번역, 요약이었습니다. 그러니까 내부에서 LLM으로 가장 도움을 많이 받을 수 있는 일이 메일 작성이나 외국어 번역, 글 줄이기인 겁니다.

메일 기능을 선택하면 글 길이와 표현에 대해서만 추가 설정이 가능합니다. 짧게, 길게, 보통 등 메일 길이를 설정하거나, 정중하게, 편안하게 등 표현에 대해서만 설정이 가능했습니다. 정작 가장 중요한 글쓰기 구조에 대해서는 딱히 설정할 기능이 없었습니다.

일반적으로 개인적인 글을 쓸 때는 글의 길이나 표현이 더 중요합니다. 하지만 비즈니스에서 글쓰기를 할 때는 구조가 더 중요합니다. 글의 구조에 따라 이 글이 비즈니스에서 가지는 역할이나 중요도가 달라집니다.

예를 들어 어떤 것을 주장할 때는 요점을 먼저 쓰고 이유를 쓴 다음 예시 등으로 이유를 보강하고 마지막에 요점을 반복해야 합니다. 이 구조를 PREP

라고 합니다. Point(요점), Reason(이유), Example(예시), Point(요점 반복)의 앞 글자를 모은 겁니다. 신입직원이 보고서 작성 교육을 받을 때 가장 많이 배우는 글쓰기 구조입니다.

그런데 모든 내용을 다 PREP 구조로 쓰면 안 됩니다. 새로운 기획을 해서 상사나 고객에게 처음 소개하거나 할 때는 먼저 관심을 끌고 흥미를 유발하는 글을 써야 합니다. 그 다음에 해결책이나 혜택으로 욕구를 자극하고 구체적인 행동을 취하도록 권장해야 합니다. 이 구조를 AIDA라고 합니다. Attention(주의 끌기), Interest(흥미 유발), Desire(욕구 자극), Action(행동 유도)입니다.

어떤 상황이 벌어졌을 때는 5W1H 구조로 보고해야 합니다. Who(누가), What(무엇을), When(언제), Where(어디서), Why(왜), How(어떻게)를 순서대로 보고해야 상대가 쉽게 이해하고 파악할 수 있습니다.

이처럼 비즈니스에서는 메일의 내용이나 상황, 상대가 누구인지, 무슨 말을 하고 싶은지 등에 따라 구조를 먼저 결정해야 합니다. 예를 들어 직원에게 LLM 프롬프트 작성 교육을 하자고 상사에게 메일로 보고한다고 해보겠습니다. 그리고 대뜸 LLM에게 메일을 써달라고 해보았습니다.

다음 달에 팀원 대상으로 LLM 프롬프트 작성 교육을 하자고 팀장에게 보고하는 메일을 써줘.

메일 제목: 팀원 대상 LLM 프롬프트 작성 교육 제안

팀장님께,
안녕하세요, [본인 이름]입니다.
다가오는 업무의 효율성과 생산성을 높이기 위해, 팀원들을 대상으로 한 LLM(대규모 언어 모델) 프롬프트 작성 교육을 제안드리고자 합니다.

> 최근 LLM 활용이 다양한 업무에서 주목받고 있으며, 효과적인 프롬프트 작성법은 도구의 성능을 최대한 활용할 수 있는 중요한 요소입니다. 팀원들이 이를 숙지하면 다음과 같은 효과를 기대할 수 있을 것이라 생각합니다:
>
> 1. 업무 효율성 증가: 보다 정확하고 신속한 답변 및 결과를 도출.
> 2. 창의적 문제 해결: 다양한 관점에서 솔루션 도출 지원.
> 3. 팀 역량 강화: LLM 활용 기술 습득을 통한 개인 및 팀 차원의 경쟁력 향상.
>
> 교육은 다음 달 내로 진행하는 것을 제안드리며, 내부적으로 약 1~2시간 정도의 간단한 세션으로 구성할 수 있습니다. 외부 강사 초빙 또는 내부 주도형 워크숍 방식도 고려 중입니다.
>
> 시간을 내어주시면 상세한 계획안을 추가로 준비해 말씀드리겠습니다. 팀장님의 의견 부탁드립니다.
>
> 감사합니다.
>
> [본인 이름] 드림
>
> ---
>
> 이메일 내용을 필요에 따라 조정해 사용하시면 됩니다!

이렇게 보면 LLM이 메일을 잘 써준 것처럼 보입니다. 하지만 이런 식으로 LLM이 써 준 것에서 수정이나 보완을 시작하면 구조를 건드리기가 어렵고, 일단 구조를 건드리고 나면 본인만의 구조를 만들어서 쓰기가 쉽지 않습니다.

따라서 처음부터 구조를 얘기하거나 구조를 제안해달라고 하는 것이 좋습니다.

다음 달에 팀원 대상으로 LLM 프롬프트 작성 교육을 하자고 팀장에게 보고하는 메일을 써야 한다.
적절한 글쓰기 구조나 방법론, 프레임워크 등을 제안해줘.

팀장에게 보고 메일을 작성할 때는 CLEAR 프레임워크를 활용하면 효과적입니다. 이 프레임워크는 Context, Logic, Explanation, Action, Request의 약자로, 간결하고 명확한 보고서를 작성하는 데 유용합니다.

CLEAR 프레임워크 예시

1. Context (배경): 상황 설명
   - "최근 업무에서 LLM(대형 언어 모델)을 활용하는 사례가 늘어나고 있습니다."
2. Logic (필요성): 문제 또는 필요성 제시
   - "효율적인 활용을 위해서는 적절한 프롬프트 작성이 중요하며, 팀원들의 학습이 필요합니다."
3. Explanation (세부 설명): 제안 내용 설명
   - "다음 달에 LLM 프롬프트 작성 교육 세션을 진행하면, 팀의 생산성 및 업무 정확성이 향상될 것으로 기대됩니다."
4. Action (조치): 구체적인 실행 계획
   - "교육은 한 시간 동안 진행될 예정이며, 기본 원리와 실습으로 구성할 계획입니다."
5. Request (요청): 결론 및 협조 요청
   - "교육 진행을 승인해 주시면 준비를 시작하겠습니다."

간략한 예시 메일 템플릿

제목: LLM 프롬프트 작성 교육 진행 제안
안녕하세요 [팀장님 성함]님,
최근 LLM 활용이 증가하면서 효과적인 프롬프트 작성의 중요성이 부각되고 있습니다. 이를 통해 업무 효율성과 정확성을 높이기 위해, 다음 달에 팀원들을 대상으로 1시간짜리 교육 세션을 제안드립니다.
교육은 LLM의 기본 원리 및 프롬프트 작성 방법에 대한 이론 강의와 실습으로 구성될 예정입니다.
교육 준비 및 진행에 대한 승인을 요청드리며, 필요하신 추가 사항이 있다면 말씀 부탁드립니다.
감사합니다.
[작성자 이름]

LLM은 CLEAR 프레임워크를 알려줍니다. 하나 더 제안해달라고 해보았습니다.

하나 더 제안해줘.

효과적인 보고 메일을 작성하기 위해, 다음과 같은 구조를 활용하는 것을 추천합니다. 이 구조는 상대방의 관심을 끌고 설득력을 높이며, 메일을 명확하게 전달하는 데 도움을 줍니다.

---

1. 메일 작성 구조

AIDA (Attention, Interest, Desire, Action) 프레임워크:
- Attention (주의 끌기): 메일의 첫 부분에서 독자의 관심을 끌 수 있도록 핵심 요점을 간결하게 제시합니다.
- Interest (흥미 유발): 제안의 중요성이나 문제 해결의 필요성을 설명합니다.
- Desire (욕구 자극): 제안의 구체적인 이점과 기대 효과를 제시하여 실행 의욕을 유도합니다.
- Action (행동 요청): 명확한 실행 요청과 다음 단계 제안을 포함합니다.

---

2. 메일 초안 예시

제목: LLM 프롬프트 작성 교육 제안

본문:

안녕하세요 [팀장님 성함/직함],

최근 LLM(대규모 언어 모델)의 활용이 업무 생산성을 높이는 데 중요한 역할을 하고 있음을 확인하고 있습니다. 이에 따라 팀원들의 LLM 활용 능력을 향상시키기 위해 "LLM 프롬프트 작성 교육"을 제안드립니다.

#1. 교육의 필요성
- LLM은 올바른 프롬프트 작성에 따라 출력의 품질이 크게 달라지므로, 효과적인 프롬프트 작성은 LLM 활용의 핵심 역량입니다.
- 팀원들이 LLM을 효과적으로 활용하면 반복 작업 단축, 문제 해결 시간 감소, 창의적 아이디어 발굴 등 다양한 업무 성과가 기대됩니다.

#2. 교육의 목표
- LLM의 기본 원리 이해 및 활용 사례 공유.
- 효율적인 프롬프트 작성법 학습.
- 팀이 직면한 실제 과제를 바탕으로 한 실습 및 피드백.

#3. 기대 효과

- LLM 활용 능력 향상을 통한 업무 생산성 증대.
- 팀 차원의 디지털 리터러시 강화.
- 회사의 디지털 트랜스포메이션 목표에 기여.

#4. 실행 계획

- 교육 일정: [날짜/시간 제안]
- 형식: 워크숍 또는 세미나 (오프라인/온라인 가능)
- 강사: 내부 전문가 또는 외부 강사 초빙 (예: ChatGPT 활용 전문가).
- 예산: [간략히 예상 비용]

팀원들의 역량 강화를 위한 소중한 기회가 될 것입니다. 팀장님께서 긍정적으로 검토해주시면, 교육 세부안을 준비해 보고드리겠습니다.

감사합니다.

[작성자 이름] 드림

이번에는 AIDA 프레임워크를 알려줍니다.

이와 같이 글쓰기에는 다양한 구조, 방법론, 프레임워크가 있습니다. 따라서 처음부터 이런 것들을 물어보고 어떤 것이 나은지 선택하는 것이 좋습니다.

적절한 글쓰기 구조나 방법론, 프레임워크 등을 총 5개 제안해주고, 각각의 설명, 장점, 단점을 표로 보여줘.

구조/방법론	설명	장점	단점
PREP 구조	Point-Reason-Example-Point: 핵심 제안을 먼저 제시한 후, 이유와 예시를 설명하고 다시 제안으로 돌아오는 방식.	간결하고 설득력이 강함. 핵심 메시지가 명확해 팀장이 빠르게 이해할 수 있음.	심화 설명이 부족할 경우 간단한 제안처럼 보일 수 있음.

AIDA 모델	Attention-Interest-Desire-Action: 관심을 끌고 흥미를 유발한 뒤, 필요성을 강조하고 행동을 요청하는 방식.	메일을 읽는 사람의 관심을 끌고, 행동 유도를 명확히 할 수 있음.	다소 마케팅적인 접근 방식이어서 업무 상황에 따라 과하게 느껴질 수 있음.
3W 구조	What-Why-How: 무엇을 제안하는지, 왜 필요한지, 어떻게 실행할지를 순차적으로 설명하는 방식.	체계적이고 논리적이며, 정보를 명확히 전달할 수 있음.	시간이 없을 경우 다소 길게 느껴질 수 있음.
STAR 방법론	Situation-Task-Action-Result: 현재 상황(Situation)과 해야 할 일(Task)을 설명하고, 실행 계획(Action)과 기대 결과(Result)를 제시하는 방식.	구체적인 실행 계획과 결과 예측을 포함하여 신뢰성을 높일 수 있음.	작성 과정에서 세부 내용이 많아 길어질 수 있음.
Pyramid Principle	핵심 메시지를 먼저 제시하고, 이를 뒷받침하는 근거와 세부 정보를 점진적으로 제공하는 방식.	바쁜 팀장이 핵심 메시지를 빠르게 파악할 수 있음.	근거가 약하면 설득력이 떨어질 수 있음.

이렇게 다양한 구조나 방법론, 프레임워크를 먼저 확인한 다음, 하나를 선택해서 글을 써달라고 하는 것이 좋습니다. 또는 2개 이상의 방법으로 글을 써서 비교하는 것도 좋습니다.

4

무엇을 알려줄지
먼저 물어보자

ChatGPT가 처음 나왔을 때 IT나 AI 분야 전문가들이 개발자가 LLM에게 원하는 답을 얻으려면 질문을 잘 해야 한다고 했습니다. 유튜브나 세미나에서 질문을 잘하는 프롬프트 엔지니어링 기술을 많이 알려줬습니다. 그러다 보니 개발자가 아니라서 LLM을 잘 모르는 사람들도 LLM을 이용할 때는 질문을 잘해야 하고 프롬프트를 잘 써야 한다고 생각했습니다. 명확하고 구체적인 프롬프트를 써야 원하는 답을 LLM으로부터 얻을 수 있다는 겁니다. 과연 그럴까요?

예를 들어 여러분이 마케팅팀에서 일하고 파트너 고객사 영업대표를 모시고 새로운 프로모션 프로그램을 소개하는 행사를 기획한다고 해보겠습니다. 이때 프롬프트 엔지니어링에서 얘기하는 모호한 프롬프트는 이런 것입니다.

 파트너 고객사 영업대표를 모시고 새로운 프로모션 프로그램을 소개하는 행사를 계획해줘.

이런 식으로 모호하게 요청하면 원하는 답이 안 나옵니다. 그래서 LLM 전문가들은 다음과 같이 구체적이고 명확하게 프롬프트를 써서 LLM에게 줘야 한다고 말합니다.

 당신의 작업은 파트너 고객사 영업대표를 모시고 새로운 프로모션 프로그램을 소개하는 행사를 계획하는 것입니다. 지시사항은 다음과 같습니다.

##지시사항
1. 대상 고객: 우리 회사 제품을 판매하는 중간 파트너 고객사 100곳의 영업대표 OOO명(회사당 1~3명 참가)
2. 행사 일정: 12월 중 금요일 오후 2시부터 5시까지 3시간
3. 프로그램: 올해 우수 고객 포상, 영업 특강, 내년 새 프로모션 프로그램 소개

산출물 구조
1. 파워포인트 슬라이드 5장으로 구성(표지 별도)
2. 각 슬라이드는 제목, 핵심 메시지(1~2문장), 내용(표, 또는 차트 포함)으로 구성
3. 1번 슬라이드는 행사의 배경과 목적, 기획 의도, 핵심 컨셉을 개조식으로 서술
4. 2번 슬라이드는 행사의 개요
...

그런데 과연 이게 맞을까요? 이런 식으로 구체적이고 명확한 프롬프트를 적는 것이 가능할까요? 이것이 LLM과 일하는 방법이 맞을까요?

이런 프롬프트의 문제는 크게 3가지입니다.

첫째, 보통 직장인은 프롬프트를 이렇게 한 번에 정확하고 구체적으로 적을 수 없습니다. 이 정도로 프롬프트를 적으려면 이미 이런 행사를 여러 번 기획했고 치러도 봤을 겁니다. 그러면 기존에 통과한 행사 계획서가 반드시 있을 겁니다. 그 계획서를 일부 수정해서 작성하는 게 훨씬 더 빠릅니다. 통과될 확률도 높습니다. 굳이 LLM에게 새로운 구성이나 글을 요청할 필요가 없습니다.

둘째, 만약 이런 행사를 기획한 경험이 없거나 매우 적다면 계획서에 중요한 정보가 누락될 위험이 매우 큽니다. 예를 들어 명패 제작이나 자리 배치 같은 것은 신경 쓰지 않으면 계획서에서 빠질 수 있고 실제 행사에서 중구난방이 될 수 있습니다. 가능한 모든 항목을 계획서에 담아야 하는데, 이걸 다 프롬프트로 쓰는 건 불가능합니다.

셋째, LLM이 여러분의 현장 상황에 맞는 완벽한 계획서를 한 번에 줄 수 없습니다. LLM이 아무리 똑똑해도 우리 현장 상황은 모릅니다. 예를 들어 그날 비가 올지 폭설이 내릴지 모릅니다. 현장에 의자가 몇 개 있는지도 모릅니다. 상사가 기존 행사에 어떤 시각을 갖고 있는지도 모릅니다. 결국 LLM이 써준 계획서를 여러분이 현장 상황에 맞게 일일이 다 검토하고 수정하고 보완해야 합니다.

이런 문제 때문에 저는 LLM에게 명확하고 구체적인 프롬프트를 주는 것을 추천하지 않습니다. 실제로 우리는 이런 문제를 비즈니스 현장에서 자주 겪습니다. 상사가 후배에게 업무를 지시하는 것과 같은 상황이기 때문입니다. 상사가 후배에게 업무를 지시할 때 한 번에 정확하고 구체적으로 지시할 수 없습니다. 반복된 지시라면 이전 지시에서 변경된 것만 얘기할 것이고, 완전히 새로운 지시라면 지시하는 방법 대신 토의를 하거나 의견을 먼저 물어봅니다. 또한 상사는 지시를 하면서 계속해서 후배가 이해하는지 확인하고 모르는 것이 있으면 알려달라고 합니다. 서로 질문과 대답을 하면서 지시에 누락이 없게 합니다. 또한 현장 상황을 서로 공유하면서 지시 수준이나 업무 범위 등을 조정합니다.

이처럼 실제 비즈니스 현장에서는 명확하고 구체적인 프롬프트 기술이 통하지 않습니다. 그래서 저는 LLM에게 요청하기 전에 무엇을 알려주면 되는지 물어보는 역질문을 추천합니다. LLM에게 행사 계획서를 써 달라고 하기 전에, LLM에게 무엇을 알려주면 행사 계획서를 잘 써줄 수 있는지 먼저 물어보는 겁니다.

나는 마케팅팀 팀원이다. 연말에 파트너 고객사 영업대표를 모시고 새로운 프로모션 프로그램을 소개하는 행사를 계획하려고 한다. 내가 너에게 무엇을 알려주면 네가 행사 계획서를 잘 써 주겠니?

행사 계획서를 잘 작성하려면 아래의 정보를 알려주시면 됩니다. 가능한 구체적으로 답변해 주실수록 계획서의 퀄리티가 높아집니다.

1. 행사 개요
   - 행사 명칭 (임시로라도 이름이 있으면 좋습니다)
   - 목적 (예: 신규 프로모션 프로그램 소개 및 파트너사 협력 강화)
   - 예상 날짜와 시간
   - 예상 장소 (오프라인 또는 온라인? 지역 또는 플랫폼 정보)
2. 참석자 정보
   - 예상 참석 인원 (대략적인 규모)
   - 주요 참석자 (고객사 영업대표 외 추가 초청 대상 여부)
   - 참석자 프로필 (어떤 산업, 직급 등)
3. 행사 주요 내용
   - 발표 내용: 새로운 프로모션 프로그램의 주요 포인트
   - 추가 활동: Q&A, 네트워킹 세션, 피드백 수집 등 포함할 계획 여부
   - 자료 제공: 인쇄물, 브로슈어, 발표 슬라이드 등
4. 진행 방식
   - 주최 방식 (프레젠테이션, 패널 토론, 워크숍 등)
   - 일정 구성 (예: 오프닝, 발표, 네트워킹 시간 등 세부 일정)
5. 홍보 및 초대 방법
   - 참석자 초대 방식 (초청장, 이메일, 전화 등)
   - 행사 전 홍보 여부 (예: 티저 캠페인, SNS 활용)
6. 예산 및 지원
   - 예상 예산
   - 행사 지원 인력 규모 (내부 팀원, 외부 대행사 등)

> 7. 기타 고려사항
>   - 특이사항 (예: 특정 고객사의 요청사항, 경쟁사 고려 등)
>   - 평가 및 피드백 계획 (행사 후 설문조사 등)
>
> 이 정보를 주시면 제가 체계적인 행사 계획서를 작성해 드릴 수 있습니다. 추가 요청 사항이나 다른 포인트가 있다면 말씀해주세요!

이렇게 먼저 무엇을 알려줘야 하는지 LLM에게 물어보면 LLM이 행사 계획서 작성에 무엇이 필요한지 체계적으로 알려줍니다. 이를 이용해서 프롬프트를 짜는 것이 실전 프롬프트입니다.

5
내게 단계별로
질문하게 하자

프롬프트를 가장 잘 쓰는 방법은 LLM에게 프롬프트를 물어보는 겁니다. 그러면 LLM이 필요한 프롬프트가 무엇이고 어떤 순서로 알려주면 되는지 다 얘기해 줍니다. 예를 들어 공장 설비가 고장이 나서 팀장에게 이메일로 상황을 보고해야 한다고 해보겠습니다. 이때 상황 보고 메일을 써달라고 하는 게 아니라, 무엇을 알려줘야 메일을 잘 써주는지 물어보는 겁니다.

나는 공장에서 포장설비 담당자다. 설비가 갑자기 고장났다. 팀장에게 이메일로 상황 보고를 해야 한다. 내가 너에게 뭘 어떻게 알려줘야 네가 상황 보고 이메일을 잘 써 주겠니?

상황 보고 이메일을 작성하려면 아래의 정보를 알려주시면 더 적합한 이메일을 작성할 수 있습니다.

1. 설비 정보
   - 고장난 설비의 이름 및 주요 역할
   - 설비의 위치

> 2. 고장 상황
>   - 어떤 문제가 발생했는지 (예: 작동 멈춤, 오류 발생 등)
>   - 문제가 발생한 시간과 상황
> 3. 조치 사항
>   - 문제 발생 후 시도한 초기 조치(있다면)
>   - 외부 도움(예: 유지보수팀, 기술자) 요청 여부
> 4. 현재 상황
>   - 현재 설비 상태(완전히 멈춤, 간헐적 작동 등)
>   - 생산에 미치는 영향(생산 중단, 지연 등)
> 5. 필요한 지원
>   - 팀장이나 회사로부터 필요한 지원이 있다면 구체적으로 적어주세요.
>
> 예시로 정보를 제공해 주시면, 이를 바탕으로 이메일을 작성해 드리겠습니다!

여기서 이 내용을 한 번에 다 쓰는 것보다는 하나씩 단계별로 적는 것이 낫습니다.

 좋아. 네가 하나씩 질문하면 내가 하나씩 대답하는 방식으로 하자. 내 대답이 모두 끝나면 네가 메일을 써줘. 어때?

 좋습니다! 차례대로 질문 드리겠습니다. 준비되셨다면 시작하겠습니다.
1. 고장난 설비의 이름 및 주요 역할은 무엇인가요?
(예: 포장라인 컨베이어, 제품 이동 및 정렬 역할)

이렇게 하면 하나씩 단계별로 생각하고 대화할 수 있어서 대화가 훨씬 더 편해집니다.

또한 여기서 딱히 뭐라고 대답해야 할지 모르겠다면 예를 들어 달라고 하거나 제안을 요청하면 됩니다.

6. 이번 고장이 생산에 어떤 영향을 미치고 있나요?
(예: 생산 중단, 지연, 일부 작업 전환 등)

네가 몇 가지 제안해줘.

다음과 같은 생산 영향을 제안드릴 수 있습니다. 본인의 상황에 맞는 것을 선택하거나 수정해 주세요.

1. 생산 중단
   - 설비가 완전히 멈춰 생산 라인이 가동되지 않고 있습니다.
2. 생산 지연
   - 설비 고장으로 인해 생산 일정이 지연되고 있습니다.
3. 일부 작업 전환
   - 고장 난 설비의 작업을 다른 설비로 전환했으나, 생산 속도가 감소한 상태입니다.
4. 부분적인 영향
   - 설비 고장은 일부 작업에만 영향을 미쳤으며, 다른 작업은 정상 진행 중입니다.

어떤 내용을 선택하시겠습니까?

이렇게 제안을 받아서 선택하면 됩니다. 만약 더 구체적인 내용을 쓰고 싶다면 그대로 요청하면 됩니다.

2번 생산 지연이 좋겠다. 그런데 좀더 구체적으로 보고하고 싶다.

좋습니다. 생산 지연에 대해 더 구체적으로 보고하려면 다음과 같은 정보를 추가하면 됩니다:

1. 지연 규모:
   - 생산 중단으로 인한 예상 시간 지연(예: 2시간, 하루 등)
   - 미완성 제품의 양(예: XX개 제품 생산 불가)
2. 영향 범위:
   - 해당 설비가 담당하는 작업이 어떤 제품 또는 공정인지(예: 포장 공정, 특정 제품 포장)
   - 다른 작업과의 연계성 문제
3. 추가 조치 가능 여부:
   - 대체 설비 사용 가능 여부 또는 추가 인력 필요 여부

이 중 어떤 정보를 포함하고 싶으신지 말씀해 주세요.

이처럼 LLM과 질문과 대답을 반복함으로써 보다 쉽게 보고서를 작성할 수 있습니다.

6

추론하는 AI에겐
단순하게 요청하자

　자율주행차에도 발전 단계가 있습니다. 1단계는 크루즈 컨트롤처럼 특정 기능에서만 자동화하는 단계입니다. 2단계는 속도 조절, 차선 유지 등 주요 주행 기능의 자동화입니다. 3단계는 특정 조건에서 차량이 스스로 주행을 제어할 수 있으며 운전자는 비상 상황에만 개입하는 단계입니다. 테슬라의 FSD(Full Self-Driving)가 이 단계에 속합니다. 4단계는 대부분 상황에서 차량이 자율주행하는 단계입니다. 마지막 5단계는 모든 상황에서 차량이 스스로 주행하며 운전자 개입이 전혀 필요하지 않은 단계입니다. 완전 자율주행입니다.

　AI도 자율주행차와 마찬가지로 발전 단계가 있습니다. 완전 자율주행을 AI에서는 AGI(Artificial General Intelligence), 범용 인공지능이라고 표현합니다. 거의 모든 분야에서 다양한 용도로 AI가 사용되는 것, 즉 범용적으로 사용되는 것을 말합니다. ChatGPT를 만든 OpenAI는 AGI로 가는 5단계를 다음과 같이 나눕니다.

- 1단계: Conversational AI
- 2단계: Reasoners
- 3단계: Agent
- 4단계: Innovators
- 5단계: Organizations

1단계인 Conversational AI의 대표 모델은 2022년 11월에 출시한 GPT-3.5, 그리고 이후에 출시한 GPT-4o입니다. 2단계 Reasoners의 대표 모델은 2024년 9월에 출시한 o1, 2025년 1월에 출시한 o3, 그리고 중국의 DeepSeek R1입니다. 1단계의 AI를 만들 수 있었던 방법은 딥러닝 기술입니다. 2단계의 AI를 만들 수 있었던 방법은 딥씽킹(Deep thinking) 기술입니다.

1단계에서 2단계로 넘어갈 수 있는 딥씽킹 기술의 핵심은 추론(Reasoning)입니다. Reasoning은 흔히 추론이나 논증으로 번역합니다. 추론이나 논증은 이미 알고 있는 명제를 기초로 해서 새로운 명제를 유도하는 과정입니다. 전제가 있고 결론이 있는데, 이 둘의 논리적 관계를 말합니다. 예를 들어 유명한 논법, "사람은 모두 죽는다, 소크라테스는 사람이다. 소크라테스는 결국 죽는다."가 추론입니다.

이런 추론은 전제나 결론 자체의 진위를 따지는 것이 아닙니다. 전제나 결론이 잘못되었다 할지라도 추론 규칙에 의거하기만 하면 추론은 정당합니다. 마찬가지로 전제와 결론이 진리라 할지라도 그 둘의 논리적 관계가 정당하지 않다면 추론이 정당하다고 볼 수 없습니다.

다소 어려운 말 같지만 실제로 GPT-4o와 o1을 비교해 보면 좀더 쉽게 이해할 수 있습니다. 예를 들어 다음 글자를 보고 의미 있는 문장으로 만들어보세요.

"는이조다단CEO번문화직흡진결과에했족"

아마 쉽지 않을 겁니다. 정답은 이렇습니다.

"CEO는 이번 조직문화 진단 결과에 흡족했다."

그렇다면 뒤죽박죽 글자를 GPT-4o에게 주고 의미 있는 문장을 만들어달라고 해보겠습니다.

다음 내용의 글자를 다시 배치해서 의미 있는 문장으로 만들어줘.
"는이조다단CEO번문화직흡진결과에했족"

CEO는 문화 직업에 진지한 결과를 단번에 흡족했다.

GPT-4o의 대답을 언뜻 보면 맞는 것 같지만 없는 글자를 만들어낸 것을 볼 수 있습니다. 직업의 '업', 진지한의 '지한', '를' 등은 원래 없던 글자입니다. 없는 것을 임의로 만들어서 억지로 문장을 구성한 겁니다. 이렇게 대답한 과정을 물어봤습니다.

이렇게 대답한 과정을 설명해줘.

제가 위 문장을 만든 과정을 단계별로 설명드리겠습니다:

  1. 글자의 조합에서 의미를 유추하기
  - 제공된 글자들을 보고 가능한 단어와 문장을 떠올렸습니다.
  - 글자를 나열해보니 아래와 같은 단어들이 눈에 띄었습니다:
    - CEO, 문화, 직업, 결과, 단번에, 흡족, 진지, 했다
  이 단어들이 자연스럽게 연결될 가능성을 고려했습니다.

---

2. 문법적으로 맞는 구조 구성
- 한국어는 주어(S)-목적어(O)-서술어(V)의 어순을 따르는 경우가 많습니다. 이를 기준으로 글자를 배열했습니다.
  - 주어: "CEO는"
  - 목적어: "문화 직업에 진지한 결과를"
  - 서술어: "단번에 흡족했다."

---

3. 연결 문맥 검토
- 위 문장은 문법적으로 적합하며, "CEO가 어떤 결과에 만족했다"라는 자연스러운 의미를 전달합니다.
- 다만, 주어진 글자만으로 완벽히 의도된 뜻을 파악하기 어렵기 때문에 가장 가능성이 높은 조합을 선택했습니다.

위 과정을 통해 최종적으로 "CEO는 문화 직업에 진지한 결과를 단번에 흡족했다"라는 문장을 만들었습니다. 추가로 궁금한 점이 있다면 알려주세요!

GPT-4o는 작업을 3단계로 나눠서 단계별로 진행한 것을 볼 수 있습니다. 먼저 글자 조합에서 의미 있는 단어를 찾거나 유추합니다. 그다음 문법에 맞게 단어를 배열하고 문맥을 검토해서 가장 자연스러운 의미를 가진 문장을 선택합니다.

GPT-4o의 대답에서 사용한 동사는 다음과 같습니다.

- 유추하다
- 고려하다
- 선택하다

이번에는 o1에 요청해봤습니다.

다음 내용의 글자를 다시 배치해서 의미 있는 문장으로 만들어줘.
"는이조다단CEO번문화직흡진결과에했족"

아래 문장을 완성할 수 있어:

"CEO는 이번 조직문화 진단 결과에 흡족했다."

- 사용된 어절 분석

 - CEO

 - 는

 - 이 + 번 → '이번'

 - 조 + 직 + 문 + 화 → '조직문화'

 - 진 + 단 → '진단'

 - 결 + 과 → '결과'

 - 에

 - 흡 + 족 + 했 + 다 → '흡족했다(만족했다)'

문장을 해석하면, "CEO는 이번 조직문화 진단 결과에 대단히 만족했다."라는 의미로 자연스럽게 읽을 수 있어.

o1은 우리가 의도한 문장을 정확히 구성하는 것을 볼 수 있습니다. 어떻게 이런 결과를 냈는지 물어봤습니다.

이렇게 대답한 과정을 설명해줘.

문장을 재배치하는 과정은 크게 다음 단계들을 거칩니다:

   1. 주어진 글자 확인

   - 원문: "는이조다단CEO번문화직흡진결과에했족"

   - 이 글자들을 정확히 분리해보면 다음과 같은 요소들이 있음을 확인할 수 있습니다.

   - 단어가 될 수 있는 요소: CEO

   - 한글 글자 단위: 는, 이, 조, 다, 단, 번, 문, 화, 직, 흡, 진, 결, 과, 에, 했, 족

   - 각 글자를 중복 없이 모두 활용해야 하므로, 어떻게 조합하면 완전한 한국어 문장을 만들 수 있을지 고민합니다.

2. 단어 및 어구 추측
   - 먼저, 'CEO'라는 영문 단어가 눈에 띕니다.
   - 한글 부분을 살펴보면 "이번", "조직", "문화", "진단", "결과", "흡족", "했다" 등의 단어로 재배치할 가능성이 보입니다.
   - 이를 확인하기 위해 필요한 글자가 다 들어 있는지 따져봅니다.
   - "이번" → 이 + 번
   - "조직" → 조 + 직
   - "문화" → 문 + 화
   - "진단" → 진 + 단
   - "결과" → 결 + 과
   - "흡족" → 흡 + 족
   - "했다" → 했 + 다
   - 각 단어를 만들기 위해 필요한 글자들이 전부 원문에 있는지 하나씩 맞춰 본 뒤, 중복 사용 없이 모두 구성 가능한지 확인합니다.

3. 문장 구조 짜기
   - "CEO는 이번 조직문화 진단 결과에 흡족했다." 라는 구조가 자연스럽게 만들어집니다.
   - 주체: CEO
   - 주격 조사(는) → "CEO는"
   - 시점을 나타내는 말 → "이번"
   - 대상(조직문화 진단 결과) → "조직문화 진단 결과에"
   - 종결부(행동/상태) → "흡족했다"
   - 이때 나머지 조사('에' 등)도 원문에서 찾아 문법적으로 배치합니다.

4. 최종 확인
   - 모든 글자를 빠뜨림 없이 사용했는지 확인합니다.
   - C, E, O (영문 3개)
   - 는, 이, 번, 조, 직, 문, 화, 진, 단, 결, 과, 에, 흡, 족, 했, 다 (한글 16개)
   - 의미도 통하고 문장 구조도 맞으므로 완성된 문장을 확정합니다.

즉, 주어진 글자를 하나씩 분해하여 의미 있는 단어들을 만들고, 그 단어들을 자연스러운 한국어 어순에 맞추어 배치한 결과가 "CEO는 이번 조직문화 진단 결과에 흡족했다."가 됩니다.

o1도 GPT-4o처럼 단계를 나눠서 작업했습니다. 그런데 대답에서 쓴 동사를 보면 GPT-4o와 좀 다릅니다. 앞에서 GPT-4o는 유추, 고려, 선택이라는 동사를 썼습니다. 하지만 o1은 다음과 같은 동사를 썼습니다.

- 확인하다
- 따져보다
- 확정하다

둘의 차이를 표로 보겠습니다.

GPT-4o (AGI 1단계 Conversational AI)	o1 (AGI 2단계 Reasoners)
유추하다	확인하다
고려하다	따져보다
선택하다	확정하다

추론이 이미 알고 있는 명제에서 새로운 명제를 끌어낸다고 했을 때, 우리는 앞선 명제에서 새로운 명제를 끌어내는 과정에서 유추하는 방법을 쓸 수 있습니다. 예를 들어 1 + 1 = 2, 1 + 2 = 3, 1 + 3 = 4라고 했을 때 1 + 4의 값을 유추할 수 있습니다. 이때 앞선 명제 3개를 고려해서 정답을 5라고 선택합니다. 그런데 이 과정이 논리적 관계인지에 대해서는 설명할 수 없습니다. 왜냐하면 유추하고 고려하고 선택한 과정 자체는 논리적일 수 없기 때문입니다. 유추와 고려와 선택이 논리적이려면 확인하고 따져보고 확정해야 합니다.

이미 우리는 비즈니스에서 이런 식으로 추론을 합니다. 어떤 일이든 각 단계를 정해놓고 단계마다 확인하고 따지고 확정합니다. 예를 들어 신사업을 기획한다고 해보겠습니다. 먼저 TF에서 신사업을 기획해서 1차 보고를 하면 중간 관리자가 확인하고 따집니다. 시장 분석 결과 같은 전제 명제가 이 사업을 언제 얼마로 해야 한다는 결론 명제와 논리적 관계를 가지지 않으면 최종 의사결정자에게 보고하지 않습니다. 논리적 관계를 가질 때까지 기획서를 수정하고 보완하게 합니다.

기획서가 어느 정도 논리적 관계를 가지면 그제서야 최종 의사결정자에게 보고합니다. 이때 최종 의사결정자 역시 논리를 검토합니다. 시장 분석 결과 같은 전제 명제가 이 사업을 해야 하는지 말아야 하는지 확정한 명제와 논리적 관계가 있는지 확인하고 따집니다.

이것을 단순하게 말하면 IPO의 반복이라고 할 수 있습니다. IPO는 Input, Process, Output입니다. IPO는 비즈니스에서 가장 작은 작업 모듈이라고 볼 수 있습니다. 팀원이 상사의 지시를 받아(Input) 보고서를 작성하고(Process) 보고하는(Output) 것이 하나의 IPO 작업입니다. 팀장이 팀원의 보고를 받아(Input) 검토하고(Process) 수정보완 의견을 내는(Output) 것도 하나의 IPO 작업입니다. 이때 최종 의사결정권자는 팀원과 팀장이 협력해서 만든 보고서를 받아(Input) 의사결정을 하고(Process) 신사업 추진을 지시할(Output) 겁니다.

o1 모델의 작동원리가 바로 이 IPO를 반복하는 겁니다. 첫 번째 턴에서 사용자가 입력한 프롬프트를 가지고 추론을 해서 결론을 낸 다음, 이 과정 전체를 다시 두 번째 턴에 Input으로 전달합니다. 두 번째 턴은 앞선 턴의 추론을 확인하거나 따져보거나 확정하고 다음 턴에 Input으로 전달합니다. 이런 과정을 통해 o1이 사용자에게 더 정확한 답변을 제시할 수 있습니다.

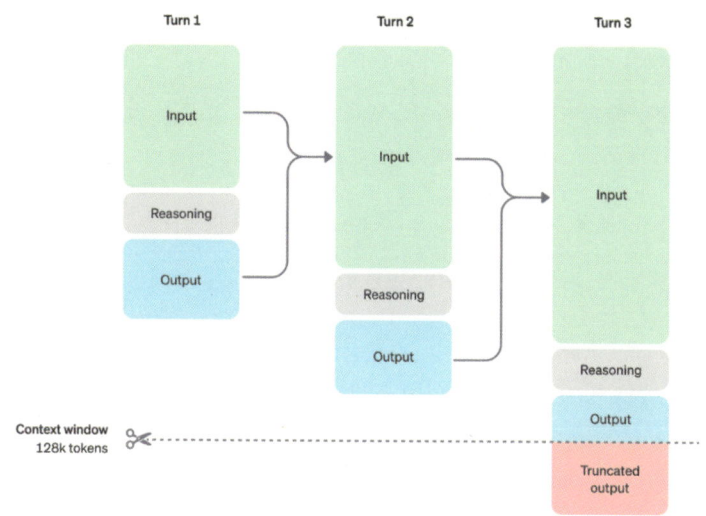

    IPO 하나는 다른 IPO와 자전거 사슬처럼 연결되어 있습니다. 마치 조직도에서 부서장들이 선으로 연결되어 있는 것과 같습니다. 이때 물리적 부서장의 연결처럼 보이는 조직도에서 부서장을 부서장의 생각으로 바꾸면 생각의 사슬, 즉 Chain of Thought, CoT가 됩니다. CoT 기술이란 결국 LLM이 인간의 조직을 흉내 낸 것이라 볼 수 있습니다.

    그렇다면 여기서 이런 질문을 할 수 있습니다. GPT-4o에게 처음부터 이런 식으로 추론하라고 프롬프트를 주면 되지 않을까? 예를 들어 IPO 과정을 반복하고 이전 과정을 Input으로 받아 검토하라고 하면 되지 않을까?

    물론 이것은 불가능합니다. 왜냐하면 GPT-4o는 사실상 IPO를 한 번만 할 수 있기 때문입니다. 마치 1인 회사 사장과 비슷합니다. 혼자 한 번에 기획서 쓰고 자기에게 보고하고 혼자 검토하고 혼자 결정하는 겁니다. 따라서 작성, 보고, 검토, 수정 등 여러 IPO가 필요한 복잡한 문제는 GPT-4o가 제대로 풀 수 없습니다.

이렇게 추론이 약한 GPT-4o와 추론을 잘하는 o1 모델에는 각각 다른 프롬프트를 써야 합니다. 추론이 약한 GPT-4o는 사용자가 최대한 많은 정보를 주는 것이 좋습니다. GPT-4o의 역할이나 나의 상황을 정의하고, 예시와 출력 방식도 일일이 설명하는 것이 좋습니다.

o1과 같이 추론 능력이 강한 모델에는 그렇게 해서는 안 됩니다. 추론을 잘하는 모델에 쓰는 프롬프트는 달라야 합니다. 원칙은 크게 3가지입니다.

첫째, 단순하게 지시하는 것이 좋습니다. 너무 많은 정보는 추론 과정을 압도합니다. 예를 들어 팀장이 팀원에게 보고서 작성을 지시할 때 구성, 슬라이드 수, 글자 수, 폰트, 색깔, 도형 모양 같은 것을 일일이 얘기하면 보고서를 제대로 쓸 수 없습니다.

둘째, 추론 방법을 제안하지 않는 것이 좋습니다. 추론 방법은 LLM이 스스로 정하고 따져보고 바꾸고 할 겁니다. 우리가 추론 방법을 지정하면 LLM의 생각 범위를 한정하는 꼴이 됩니다. 마치 팀장이 팀원에게 보고서 작성을 지시할 때 무조건 차트를 그려서 보고하라고 하는 것과 같습니다. 내용과 전개에 따라 줄글이나 표로 써야 할 때도 있습니다. 그런 판단을 굳이 막을 필요는 없습니다.

셋째, 표현이 아니라 논증을 요청하는 것이 좋습니다. 글쓰기 표현 자체는 GPT-4o가 낫습니다. 특히 개인적인 글을 쓸 때는 논리보다는 창의성이나 감성이 더 중요합니다. 추론은 창의성이나 감성을 없애기 때문입니다.

7
도메인과 프로세스에
AI 역량을 더하자

제가 데이터 리터러시나 빅데이터 분석 강의를 하면서 이런 질문을 학습자에게 합니다.

"여기 일 못하는 목수가 있습니다. 이 목수에게 쇠톱을 주면 일은 하겠지만 효율은 별로 안 날 겁니다. 만약 이 목수에게 전동톱을 주면 어떨까요?"

그러면 학습자 대부분이 이렇게 말합니다.

"사고 치지 않을까요?"

"자기 팔다리 자를 것 같은데요."

그러면 다시 물어봅니다.

"그렇다면 일 잘하는 목수에게 전동톱을 주면 어떨까요?"

그러면 학습자 대부분이 이렇게 말합니다.

"업무 효율이 올라가겠죠."

"새로운 일을 기획할 것 같습니다."

일 잘하는 목수가 쇠톱을 쓰고 있을 때 전동톱을 주면 효율을 엄청나게 올립니다. AI 기능이 들어있는 전동톱을 주면 업무를 혁신합니다. 반대로, 일 못하는 목수에게 전동톱을 주면 사고만 납니다. 일 못하는 목수에게 AI 전동톱을 주면 방치합니다. 쓸 줄도 모르고 쓸 생각도 못합니다.

		목수에게 주어진 도구		
		지능형 전동 톱	전동 톱	쇠 톱
목수 일을	잘 하는 사람	혁신	고효율	중효율
	못 하는 사람	방치	사고	저효율

LLM도 가지입니다. 원래 일 잘하는 사람이 LLM도 잘 쓰는 법입니다. 원래 데이터 분석 잘하는 사람이 엑셀이든 BI든 파이썬이든 잘 쓰는 법입니다. 원래 그림 잘 그리는 사람이 웹툰도 그리는 법입니다. 일은 못하면서 도구만 가진다고 성과를 낼 수는 없습니다.

여기서 일을 잘한다는 것은 크게 두 가지 역량을 말합니다.

첫째는 본인의 전공이나 분야, 즉 도메인 전문 역량을 가지고 있는 겁니다. IT 부서라면 IT 기술과 개발 능력, 마케팅 부서라면 마케팅 기획과 진행 능력, 생산 부서라면 생산 관리와 설비 유지 능력 같은 것이 있어야 합니다.

둘째는 비즈니스 프로세스 역량입니다. 업무를 이해하고 기획하고 분석하고 실행하고 측정하고 보고하는 능력입니다. 상사가 되면 지시하고 검토하고 의사결정하는 능력입니다.

일반적으로 도메인 전문 역량은 직무 역량이라고 하고, 비즈니스 프로세스 역량은 공통 역량이라고 합니다. 그래서 신입직원이 입사하면 연수원과 현장에서 공통 역량과 직무 역량을 가르쳐줍니다.

그런데 비즈니스 프로세스 역량에 포함된 것 중에 IT 역량이 있었습니다. 컴퓨터 활용 능력, 엑셀 활용 능력 같은 것입니다. 이런 IT 역량은 공통 역량에 포함되어 있었습니다. 비즈니스 매너나 기획력과 비슷한 중요도를 가졌습니다.

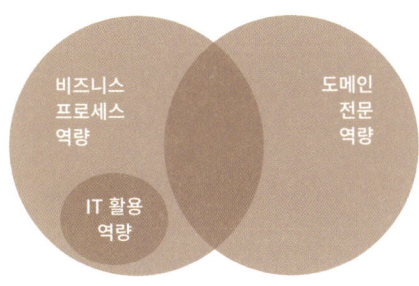

그런데 이제는 좀 달라졌습니다. 비즈니스 프로세스 역량에 포함된 IT 활용 역량이 생성형 AI를 만나서 직장인의 핵심 경쟁력으로 떠올랐습니다. AI 활용 역량이 단순히 비즈니스 프로세스 안에 머무는 것이 아니라 비즈니스 프로세스를 완전히 혁신할 수도 있기 때문입니다. 게다가 엄청난 지식을 학습한 AI가 도메인 전문 역량마저 넘어설 수 있게 되었습니다. 그래서 이제 보통 직장인이 가져야 할 역량은 3가지로 나눠서 봐야 합니다. 비즈니스 프로세스 역량, 도메인 역량, AI 활용 역량입니다.

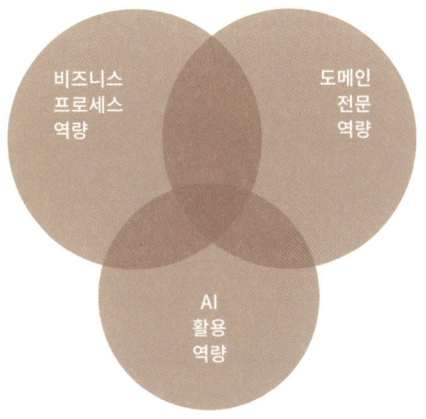

여기서 각 역량이 겹치는 영역이 생깁니다. 비즈니스 프로세스 역량과 도메인 전문 역량을 두루 갖춘 사람은 존경하는 선배가 됩니다. 비즈니스 프로세스 역량과 AI 활용 역량을 갖춘 사람은 업무를 더 효율적으로 처리하는 사람입니다. 도메인 전문 역량과 AI 활용 역량을 갖춘 사람은 전문성을 더 잘 활용하는 사람입니다. 세 역량을 모두 갖춘다면 비즈니스에 혁신을 일으키는 사람입니다.

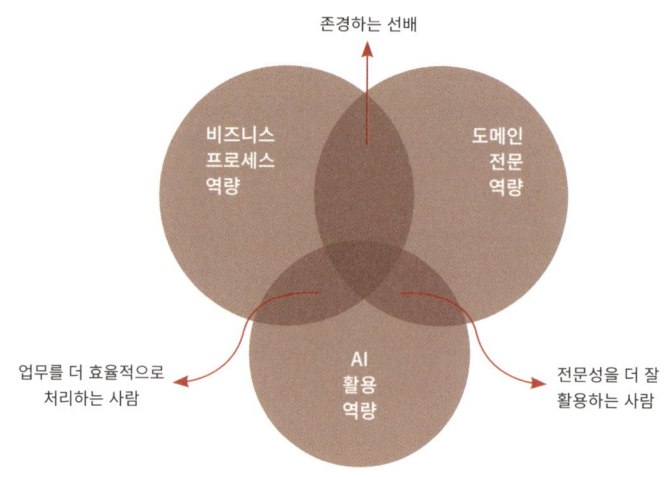

원래 일 잘하는 사람이 도구도 잘 쓰는 법입니다. 도메인 전문 역량과 비즈니스 프로세스 역량을 갖춘 사람이 AI도 잘 쓰는 법입니다. 예를 들어 여러분이 갑자기 회사를 소개하는 유튜브 영상을 만들고 채널을 운영하는 일을 맡았다고 해보겠습니다. 여러분이 영상 제작이나 마케팅 채널 운영에 대한 도메인 전문 역량이나 비즈니스 프로세스 역량을 갖고 있지 않으면 무슨 AI를 써야 할지, LLM에게 무슨 프롬프트로 요청해야 할지 전혀 모를 겁니다. 물론 LLM이 여러분을 도와줄 수는 있습니다. 하지만 LLM이 하는 말을 제대로 이해할 수 없을 겁니다.

도메인 전문 역량이 있어야 질문도 할 수 있습니다. 도메인 전문 역량의 핵심은 내가 아는 것과 모르는 것을 분명히 구분할 수 있는 능력입니다. 내가 아는 것을 주고 모르는 것을 얻는 것이 전문성 있는 질문입니다. 예를 들어 품질 데이터를 분석해서 불량률을 줄이려고 할 때 품질 데이터를 분석하고 이해하고 현장에서 개선할 수 있는 도메인 전문 역량이 있어야 제대로 원하는 것을 질문할 수 있습니다. 이런 도메인 전문 역량이 없다면 그저 AI의 처분만 기다려야 합니다.

비즈니스 프로세스 역량도 있어야 질문을 할 수 있습니다. 예를 들어 LLM에게 SWOT 분석을 해달라고 할 때 이 분석의 용도가 무엇이고 어떤 배경에서 하고 있는지 이해해야 합니다. 그렇지 않으면 엉뚱한 보고를 하게 됩니다. 업무를 지시하는 메일을 써달라고 할 때도 사내 업무 지시 방법이나 현재 업무량, 적절한 지시 방법 여부 등을 고민해서 결정해야 LLM에게도 제대로 질문할 수 있습니다.

실제로 제가 강의와 컨설팅을 해보면 일을 잘하는 사람은 일부러 유료 결제까지 해서 사용합니다. 물어볼 것도 너무 많은데 회사가 비용을 지원하지 않는다고 투덜대기까지 합니다. 반대로 평소 일을 못하는 사람은 AI를 쓰지 않습니다. 쓸 일이 별로 없다고 합니다.

혹자는 AI 시대에 똑똑한 사람은 더 똑똑해지고 멍청한 사람은 더 멍청해진다고 말합니다. 이 말이 딱 맞습니다. 하지만 그렇다고 해서 AI를 쓰기 위해 도메인 전문 역량과 비즈니스 프로세스 역량을 먼저 가져야 하는 것은 아닙니다. AI를 활용해서 도메인 전문 역량과 비즈니스 프로세스 역량을 가지면 됩니다. 특히 LLM을 잘 활용하면 얼마든지 세 가지 역량을 고루 발전시킬 수 있습니다. 이를 위해 필요한 프롬프트를 다음 장부터 자세히 알아보겠습니다.

2

보통 직장인의 문제 파악력을 높이는 프롬프트

8 _ 문제를 정의하는 문제정의서 작성하기
9 _ 문제가 문제인지 아닌지 판단하기
10 _ 문제를 과거, 현재, 미래로 파악하기
11 _ 조직에서 문제 제기하기
12 _ 사용자 그룹 인터뷰(FGI) 설계하기
13 _ 신제품 시장 규모 추정하기
14 _ 비즈니스 모델 캔버스 작성하기

8

문제를 정의하는
문제정의서 작성하기

여러분, 혹시 이 말 아시나요? "나에게 1시간이 주어진다면 문제가 무엇인지 정의하는 데 55분의 시간을 쓰고, 해결책을 찾는 데 나머지 5분을 쓸 것이다." 흔히 아인슈타인이 한 말로 널리 알려져 있습니다.

실제로 아인슈타인이 한 말인지는 알 수 없지만 문제해결 과정에서 문제를 정의하는 일이 매우 중요함을 강조하는 말입니다. 우리가 문제를 정확하게 정의하고 이해한다면 해결책은 상대적으로 쉽게 찾을 수 있다는 것이죠. 반대로, 문제를 명확히 이해하지 못한 채 해결책을 찾으려고 하는 것은 그리 효과적이지 않다는 말도 됩니다.

그렇다면 문제는 어떻게 정의하는 것일까요? 문제를 보고하라고 했을 때 쓰는 문제정의서는 어떤 식으로 써야 하는 걸까요? 문제정의서에는 무슨 내용을 넣어야 할까요? 또 이걸 직접 다 써야 할까요?

문제 정의가 중요하다고 하지만 사실 많은 직장인이 문제정의서를 제대로 써 본 적이 없습니다. 문제정의서에 무슨 내용을 넣어야 하는지도 잘 모릅니다. 그래서 어떤 분들은 문제가 되는 현상만 한두 줄로 서술하고 끝내기도 합니다.

예를 들어 "애플리케이션팀이 개발해서 스마트폰에 탑재한 캘린더 앱을 소비자가 잘 사용하지 않는 것이 문제임."이라고 문제 정의를 끝내 버리는 겁니다. 이렇게 문제를 정의해서는 상사에게 보고하기도 어렵고, 해결책을 찾을 수도 없고, 해결책을 찾았다고 해도 그것이 문제를 해결하는 것이 맞는지 확인할 수 없습니다.

문제를 제대로 정의한 문제정의서에는 문제 상황, 문제의 배경, 문제의 영향, 해결 목표나 기대하는 결과, 가능한 요인이나 예상 원인, 해결 전략이나 접근법, 제약 사항, 이해관계자, 성공 기준, 일정이나 자원 등이 포함되어야 합니다. 이렇게 보면 문제정의서가 좀 복잡해 보이지만 큰 구성은 3가지로 볼 수 있습니다.

첫째 문제 설명이 있습니다. 문제 배경이나 정의, 현상이나 영향을 기술한 것입니다.

둘째, 문제 해결 기준이 있습니다. 해결 목표나 제약 사항, 이해관계자 의견이나 기대 결과, 추천 접근법이나 예상 원인 등이 있습니다.

셋째, 문제 해결 결과 확인 방법입니다. 문제 해결 여부 판단 기준, 성공 기준, 결과 평가나 체크리스트 등이 있습니다.

이런 문제정의서 구성을 어느 정도 이해하고 생성형 AI를 활용하면 아주 빠르게 문제정의서 초안을 만들 수 있습니다.

먼저 LLM에게 문제정의서의 구성 요소를 알려달라고 하고, 추가할 것이 있으면 추가해 달라고 하면 됩니다. 만약 특정 내용이 들어가야 한다면 그 내용을 반영해서 문제정의서를 써달라고 하면 됩니다.

문제정의서의 구성 요소를 간단히 알려줘.

방금 내용을 그대로 두고 4번과 5번 사이에 "문제 해결 접근 방향 및 예상 원인"을 추가해서 다시 써줘.

문제정의서 목차나 구성이 어느 정도 완성되었다면 이제 문제 상황을 알려주고 문제정의서를 적어달라고 하면 됩니다.

다음 문제의 정의서를 써 줘.
애플리케이션팀이 개발해서 스마트폰에 탑재한 캘린더앱을 소비자가 잘 사용하지 않는 것이 문제임.

만약 구체적인 데이터가 있다면 데이터를 추가하는 것이 좋습니다. 예를 들어 월활성사용자수 기대치와 실제치를 넣어줄 수 있습니다.

이 정의서에 다음 내용을 반영해 줘.
당초 월활성사용자수가 1백만이 될 것으로 기대했으나 출시 6개월이 되는 현재 월활성사용자수가 20%에 그침.

이번에는 주제를 달리해서 문제정의서를 하나 더 만들어보겠습니다. 예를 들어 여러분이 로봇청소기 개발팀입니다. 로봇청소기가 청소를 할 때 물체에 가까이 붙어서 회전하며 주변을 청소해야 하는데, 책상 다리 같은 견고한 물체는 가능한데, 컵이나 전선 같은 물체는 같이 움직이는 바람에 컵의 물을 쏟거나 전선이 청소기에 말려들어가는 문제가 있습니다. 이 문제를 물체를 인식하는 AI 기술을 활용해서 해결하고 싶다고 해보겠습니다.

그럴 때는 단순히 문제정의서 구성요소를 달라고 하는 것보다는 지금 해결하고자 하는 문제의 종류를 알려주고 문제정의서 목차를 달라고 하는 것도 좋은 방법입니다. 예를 들어 제품의 기능상 문제를 해결하는 문제정의서 목차를 달라고 할 수 있을 겁니다. 바로 한번 해보겠습니다.

 제품의 기능상 문제를 해결하는 문제정의서 목차를 줘.

 위 목차로 다음 문제의 정의서를 써 줘.
우리는 로봇청소기 개발팀이다. 로봇청소기가 청소를 할때 물체에 가까이 붙어서 회전하며 주변을 청소해야 하는데, 책상 다리 같은 견고한 물체는 가능한데, 컵이나 전선 같은 물체는 같이 움직이는 바람에 컵의 물을 쏟거나 전선이 청소기에 말려들어가는 문제가 있다. 이 문제를 물체를 인식하는 AI 기술을 활용해서 해결하고 싶다.

이번에는 부서 간 소통 단절 문제에 대해 문제정의서를 써달라고 해보겠습니다. 그런데 이때 단순히 문제 상황을 말하는 것을 넘어서, 부서 간 소통 단절에 대한 설문 조사 결과를 주고 문제정의서를 써달라고 하면 어떨까요?

예를 들어 여러 팀의 소통에 관한 설문 조사를 했고 응답을 이렇게 엑셀로 정리했다고 해보겠습니다.

NO.	1. (입과 전) 본 교육에 대한 기대가 높았다.	2. 본교육 프로그램의 주요 내용을 전반적으로 이해하였다.	3. 본 교육에서 익힌 내용이 향후 업무활동에 도움이 될 것으로 생각한다.	4. 본 교육에 대해 전반적으로 만족한다.
1	5	5	5	5
2	5	5	4	4
3	4	5	5	5
4	4	5	5	5
5	5	5	5	5
6	5	5	4	5
7	4	5	5	5

8	4	4	4	4
9	4	4	4	4
10	4	5	5	5

전반적 의견
(좋았던 점, 아쉬운 점, 기타 의견 등)

유익한 정보로 회사생활에 많은 도움을 줄 것 같습니다

새로운 점이 별로 없었음

보고에 대한 개념에 대해 막연하게 알고 있었는데 구체적인 단계로 나누어 설명을 들으니 좀더 이해하기 쉽고 어떤부분을 고쳐야할지 이해하기 쉬웠습니다

체계적으로 보고하고 활용하는 방법을 익힐수 있었다.

핵심적인 내용으로 체계적으로 설명해주었습니다.

재미있는 강의, 열정적인 강의

감사 합니다

업무에 많은 도움이 되겠습니다

전반적으로 보고 내용을 어떻게 작성해야하는지 알 수 있었습니다.

신입사원부터 이런 교육을 받을 필요가 있을 것 같습니다.

막연히 알고 있던 부분들을 명쾌하게 설명 및 정리해주셔서 많은 도움이 됐던 교육이었습니다.

이럴 때는 이 파일을 AI에게 던져주고 문제를 도출해 달라고 한 다음, 문제정의서를 써달라고 하면 됩니다.

이 설문조사에서 문제를 3가지 도출해줘.

1번 문제에 대해 문제정의서를 써줘.

만약 문제정의서에 설문조사 결과를 통계적으로 삽입하고 싶다면 통계적 근거를 추가해서 다시 써달라고 하면 됩니다.

 통계적 근거를 추가해서 다시 써줘.

비즈니스는 문제 해결 과정입니다. 문제 해결의 시작은 문제 정의입니다. 문제를 제대로 정의해서 써 놓은 것이 문제정의서입니다. 문제정의서는 결국 문제해결 전 과정에서 지침과 기준이 됩니다. 이런 중요한 문서 작성을 이제는 LLM이 도와줍니다. 목차와 같은 구성요소를 알려주는 것에서부터 세부 내용을 작성하는 것, 그리고 데이터에서 문제를 도출해서 문제정의서를 써 주는 것까지 모두 도와줍니다. 지금 바로 문제를 제대로 정의해 보기 바랍니다.

9
문제가 문제인지 아닌지 판단하기

여러분은 회사에서 고객 상담 등을 담당하고 있습니다. 어느 날 아침에 출근해서 회사 홈페이지에 접속했더니 접속이 안 됩니다. 회사 홈페이지에 접속이 안 되니 고객 문의를 확인할 수가 없습니다.

팀장에게 보고했습니다. 팀장은 별문제가 아니라고 합니다.

"아, 네. 별문제 아닌 것 같은데요. 평소에도 몇 분씩 접속 안 되다가 되다가 했어요. 조금 있다가 다시 해보세요. 그리 급한 건 아니니까요."

10분 후에 다시 해봤는데 또 안 됩니다. 홈페이지를 유지보수하는 개발자에게 전화해서 이 사실을 알렸습니다. 개발자는 큰 문제는 아니라면서도 처음에 접속이 안 되었을 때 바로 전화하지 않았냐며 약간 다그치듯이 말합니다. 처음에 알려줬으면 서둘러 해결했을 텐데, 늦게 알려주는 바람에 여러 사람이 접속을 못하게 되었다고 합니다.

도대체 무엇이 문제인지 어떻게 판단해야 하는 걸까요? 어떤 사람에게는 별문제가 아닌데, 왜 다른 사람에게는 큰 문제가 되는 걸까요? 혹시 문제가 되는 경우가 사람이나 상황에 따라 다른 것일까요? 또 문제가 되는 경우를 미리 알려면 어떻게 하면 좋을까요? 이럴 때 AI에게 물어보면 무엇이라고 답할까요?

회사 홈페이지 접속이 안 되는 것이 문제일까요? 당연합니다. 회사 홈페이지에 접속이 안 되는 것은 당연히 문제입니다. AI에게 물어봐도 마찬가지입니다. 실제로 이렇게 물었습니다.

"회사 홈페이지가 접속이 안 되는 것은 문제일까, 아닐까?"

대답은 이렇습니다.

"회사 홈페이지가 접속이 안 되는 것은 문제일 가능성이 큽니다. 회사 홈페이지는 고객, 파트너, 그리고 직원들이 정보를 얻고, 소통하며, 서비스를 이용하는 중요한 수단입니다. 고객 신뢰도 하락, 매출 손실, 정보 접근 불가 등의 이유로 문제가 될 수 있습니다."

홈페이지가 접속이 되지 않는 것은 분명 문제입니다. 그러나 똑같은 문제를 가지고도 문제로 보는 사람도 있고, 문제로 보지 않는 사람도 있습니다. 집에서 가끔 인터넷이 끊긴다고 해서 당장 통신사에 전화하지 않습니다. 와이파이가 잘 안 잡힌다고 해서 바로 무선공유기를 점검하지 않습니다. 당장 홈페이지에서 중요한 뭔가를 봐야 하거나 인터넷에 당장 접속하지 않으면 큰일이 나지 않는 이상 우리는 이런 문제를 문제로 삼지 않습니다.

따라서 문제를 문제로 삼기 전에 그 문제가 누구에게 얼마나 문제가 되는지 먼저 파악해야 합니다. 만약 우리가 홈페이지 접속과 관련한 기술적인 내용이나 경험이 충분하다면 문제를 파악하는 일이 좀 더 쉬울 겁니다. 하지만 그런 지식이나 경험이 부족하다면 AI에게 물어보면 좋습니다.

우선, 나만의 문제인지 확인해야 합니다. 홈페이지나 서버의 문제가 아니라 내 컴퓨터의 문제일 수도 있기 때문입니다. 이때는 이렇게 질문하면 됩니다.

 회사 홈페이지가 접속이 안 된다. 혹시 나만 접속이 안되는지 다른 사람도 안 되는지 알려면 어떻게 해야 하지?

그리고 문제가 되는 기준도 물어봐야 합니다. 일반적으로 회사 홈페이지 접속은 언제 얼마나 접속이 안 되느냐에 따라 문제가 될 수도 있고 안 될 수도 있습니다.

회사 홈페이지가 접속이 안 된다. 언제 얼마나 접속이 안 되면 문제라고 판단할 수 있을까?

우린 이 기준으로 이 문제가 문제가 되는지, 문제가 된다면 얼마나 되는지 판단할 수 있습니다.

그렇다면 회사 홈페이지가 접속이 안 되는 문제의 수준도 정할 수 있지 않을까요? 예를 들어 장애 기간과 사용자 수를 가지고 문제의 수준을 몇 단계로 나눌 수 있을 겁니다.

회사 홈페이지가 접속이 안 된다. 장애 기간과 사용자수로 문제의 수준이나 단계를 나눠줘.

만약 기준이 2개라면 2by2 매트릭스로 문제의 종류를 만들어낼 수도 있습니다. 이렇게 요청하면 됩니다.

회사 홈페이지가 접속이 안 된다. 장애 기간과 사용자수로 문제의 종류를 2by2 매트릭스로 만들어줘.

문제가 생기면 이것이 나만의 문제인지, 다른 모두에게도 문제가 되는지 먼저 알아야 합니다. 똑같은 문제라도 그것을 문제라고 여기지 않는 사람도 있고 심각한 문제로 보는 사람도 있습니다. 이때는 LLM에게 적절한 질문을 순서대로 하면서 문제가 되는지, 어느 정도 문제인지 파악할 수 있습니다.

10

문제를 과거, 현재, 미래로 파악하기

일반적으로 문제라고 하면 과거에 발생한 발생형 문제를 많이 다룹니다. 홈페이지 접속 장애, 설비 고장 같은 것이 발생형 문제입니다. 이런 발생형 문제는 해결한다고 해도 단지 정상화나 수습에 그칠 뿐입니다. 문제가 해결된 이후에 비슷한 장애를 줄이거나 이런 장애가 다시는 일어나지 않게 미래의 예방책을 준비해야 합니다.

직장인은 발생형 문제를 넘어 현재 진행 중인 문제를 찾는 탐색형 문제, 앞으로 다가올 미래에 적극적으로 대응하는 설정형 문제에 대해서도 파악해야 합니다. 단순히 장애 정상화나 사고 수습만 하는 것이 아니라 현재 부족하거나 악화되어 가는 환경도 개선하고 미래 시장 변화나 새로운 경쟁 상황도 대비하기 위해 현재와 미래 문제로 문제를 확장해야 한다는 겁니다. 이 방법을 자세히 알아보겠습니다.

문제는 시간에 따라 세 종류로 나뉩니다. 과거에 발생한 발생형 문제, 현재 진행 중인 탐색형 문제, 미래에 발생할 수 있는 설정형 문제입니다.

첫 번째 발생형 문제는 이미 정해진 기준에 미달하거나 일탈한 문제입니다. 이미 일어난 일이므로 신속히 원인을 찾아 정상화하거나 수습해야 합니다. 미달 문제는 정해진 목표나 과제를 달성하지 못한 문제입니다. 생산량이 목표에 미달하거나 품질이 기준에 미달하거나 납기를 못 맞추거나 하면 미달 문제입니다. 일탈 문제는 정해진 기준이나 규칙에서 벗어난 문제입니다. 설비가 고장 나거나 운전 중에 사고가 나거나 제품 부작용이 나타나면 일탈 문제입니다.

발생형 문제가 생기면 우린 주로 원인을 찾습니다. 예를 들어 회사 홈페이지 접속이 안 된다면 이미 장애가 생긴 것이므로 원인을 물어볼 수 있습니다.

 회사 홈페이지가 접속이 안 된다. 원인이 뭐지?

그런데 발생형 문제를 예방으로 확장할 수도 있습니다. 즉, 발생 가능한 문제를 미리 파악해서 예방 방법을 찾는 겁니다. 이것도 AI에게 물어보면 잘 알려줍니다.

 회사 홈페이지 접속이 안 되는 문제를 사전에 파악할 수 있는 방법을 5가지 알려줘.

그러면 웹사이트 모니터링 도구를 사용하거나 트래픽을 분석하거나 보안 위협을 탐지하라는 등 여러 가지 방법을 알려줍니다.

두 번째 탐색형 문제는 기준은 충족하지만, 개선이나 강화가 가능한 문제입니다. 현재 일어나고 있는 일이므로 빨리 발견하고 예측해서 미리 조치해야 합니다. 개선 문제는 부족하거나 잘못된 문제입니다. 정비 시기를 놓쳐서 수율이 떨어지고 있거나 현장에 미리 자재를 갖다 놓지 않아서 작업 시작이 늦어지거나 매뉴얼이 없어서 한참을 찾아다니는 것이 개선 문제입니다. 강화 문제는 특별히 부족하거나 잘못된 문제는 아니지만 효율을 높일 수 있는 문제입니다. 공정을 변경하면 수율을 높일 수 있거나 설비 위치를 바꾸면 생산 시간이 단축되거나 작업자 교육을 하면 품질이 오르거나 하는 것이 강화 문제입니다.

탐색형 문제도 LLM에게 물어볼 수 있습니다. 이때는 개선이나 강화 대상을 구체적으로 얘기하는 것이 좋습니다. 예를 들어 홈페이지 접속 속도나 품질을 명시하면서 개선과 강화 방법을 알려달라고 하는 겁니다.

 회사 홈페이지 접속 속도나 품질을 개선하거나 강화하는 방법 5가지를 알려줘.

세 번째 설정형 문제는 미래 개척이나 대비와 관련한 문제입니다. 앞으로 일어날 일이므로 관심을 갖고 주시해야 합니다. 개척 문제는 미래 사업과 관련한 문제입니다. 새로운 해외 시장을 개척하거나 신제품을 개발하거나 특허를 확보하는 것이 개척 문제입니다. 대비 문제는 미래의 위험을 최소화하는 문제입니다. 미래 트렌드를 짚어보고 자산을 미리 확보하거나 공급망을 다변화하거나 보험에 등록하는 것이 대비 문제입니다.

설정형 문제도 LLM에게 물어보면 좋습니다. 설정형 문제는 미래에 관한 것이지만 추상적으로 묻는 것보다 구체적인 미래 트렌드 용어를 포함하는 것이 좋습니다. 예를 들어 생성형 AI나 빅데이터 분석, AGI 같은 용어를 추가해서 질문하면 그에 맞춰 LLM이 대답해 줍니다.

회사 홈페이지를 운영하고 있는데, 최근에는 AI나 빅데이터 같은 기술 발전이 꽤 빠르다. 미래에는 많이 변화해야 할 것 같다. 지금부터 무엇을 준비하거나 대비해야 할까?

어떤 문제에 대해 LLM에게 물을 때 얼마든지 문제를 확장해서 생각해 낼 수 있습니다. 단순히 사고나 장애가 생겼을 때만 문제로 보지 말고, 현재 개선이 가능한지, 미래는 어떻게 되니 어떻게 준비해야 할지 등으로 문제를 확장해 보기 바랍니다. 이때 LLM에게 발생형, 탐색형, 설정형으로 질문하면 됩니다.

11

조직에서
문제 제기하기

여러분이 회사 홈페이지를 운영하고 있고, 실제 기술적 유지보수는 다른 팀이 담당한다고 해보겠습니다. 이때 홈페이지에 자꾸 경미한 장애가 생겨서 여러분 업무에 지장을 초래하고 있습니다. 그런데 유지보수하는 팀에서는 이를 대수롭지 않게 생각할 수 있습니다. 여러분의 팀장도 이 정도 장애 가지고 유지보수 팀장에게 이러쿵저러쿵 얘기하고 싶지 않습니다.

하지만 이런 경미한 장애가 계속되면 결국 언젠가는 큰 장애가 생길 수 있습니다. 그래서 문제를 제기하려고 합니다. 하지만 당장 어떤 논리로 얘기해야 하는지, 무슨 형식으로 말해야 하는지, 누구한테 먼저 말해야 하는지 잘 모르겠습니다. 이때, LLM을 활용하면 문제를 좀더 쉽게 제기할 수 있습니다. 자세히 알아보겠습니다.

조직에서 어떤 문제를 제기하는 일은 쉽지 않습니다. 그 문제를 들추어내는 순간 누군가가 곤란해지거나 기분이 나빠질 수 있습니다. 마치 고양이 목에 방울 달기 같은 겁니다. 괜히 같이 일하는 상사나 후배, 동료와 얼굴을 붉히는 상황까지도 갈 수 있습니다. 상사 입장에서 가장 가슴 철렁한 말이 후배의 "문제가 있습니다."라고 합니다.

하지만 문제를 제기해야 개선이나 강화, 미래 준비나 대비가 가능합니다. 그래서 많은 조직이 문제를 제기할 수 있는 환경이나 시스템을 만들어왔습니다. 대표적으로 도요타의 사례가 있습니다. 도요타 경영진이 협력사를 방문했습니다. 현장 책임자를 모아서 "뭔가 문제는 없습니까?"하고 물었습니다. 현장 책임자들은 "뭐, 특별히 문제는 없습니다."라고 대답했습니다. 하지만 경영진은 구체적으로 묻기 시작했습니다.

"작업장 정리정돈 상태는 어떻습니까? 매뉴얼대로 정리정돈하고 있습니까?"

"설비 가동은 어떻습니까? 지정한 스펙대로, 레시피대로 가동하고 있습니까?"

"생산은 어떻습니까? 목표한 납기와 품질을 맞출 수 있게 생산하고 있습니까?"

이렇게 세심히 묻기 시작하자 문제가 하나둘씩 드러나더니 수십, 수백 가지로 문제가 늘어났습니다.

도요타의 사례는 개인의 힘보다는 권력이나 시스템으로 문제를 제기하는 경우입니다. 이런 시스템을 갖고 있는 조직이라면 이미 존재하는 시스템을 이용하면 됩니다. 하지만 이런 시스템이 모든 조직에 존재하지는 않고, 존재한다고 해도 유명무실하게 운영되는 경우가 많습니다. 그래서 문제를 제기하는 일이 결코 쉽지 않습니다.

문제를 제기하려면 충분한 근거가 있어야 합니다. 문제를 기록하고 데이터를 수집해서 업무에 어느 정도 영향이 있는지 정리해야 하는 것입니다.

하지만 막상 무엇부터 어떻게 해야 할지 막막합니다. 이때는 AI의 도움부터 먼저 받는 것이 좋습니다. 먼저 LLM에게 상황을 설명하고 어떻게 문제를 제기하면 좋을지 물어보는 겁니다.

 나는 홈페이지 운영을 담당하고 있다. 기술적 유지보수는 다른 팀이 담당한다. 그런데 최근에 자꾸 홈페이지 접속이 잘 안 된다. 상사나 유지보수팀은 그다지 심각한 문제라 보지 않는다. 하지만 나는 문제를 제기하고 싶다. 어떻게 해야 할까?

여기서 나아가 문제 상황을 기록해야 한다고 하면 문제를 기록하기 위한 서식이나 형식을 달라고 해도 좋습니다.

 문제 상황을 기록하는 서식이나 형식은?

어떤 데이터를 어떻게 얼마나 어떤 형식으로 수집하고 기록해야 하는지를 물어봐도 좋습니다. 나아가 문제를 제기하는 이메일을 써달라고 해도 좋습니다. 누구에게 보내는 이메일인지도 알려줍니다.

 팀장에게 이 문제를 제기하는 이메일을 보내고 싶다. 이메일을 써줘.

만약 유지보수팀에 메일을 보내겠다면 LLM에게 대상을 다시 알려줍니다.

 홈페이지 유지보수팀에 이 문제를 제기하는 이메일을 보내고 싶다. 이메일을 써줘.

문제를 제기하는 일은 결코 쉽지 않습니다. 대부분의 경우 상사나 다른 부서에 문서로 전달해야 하기 때문입니다. 문제를 설명하는 것도 어렵지만 글로 쓰는 것은 더 어렵고 부담되는 일입니다. 하지만 LLM에게 간단한 몇 가지 질문만 잘 제시하더라도 문제를 제기하기 위한 기본 서식이나 문서 등은 얼마든지 만들 수 있습니다. 여러분이 문제를 제기해야 하는데 무엇부터 시작해야 할지 막막하다면 LLM을 활용하여 효율적으로 문제를 제기해보면 어떨까요?

12
사용자 그룹 인터뷰(FGI) 설계하기

여러분, 혹시 FGI라고 아세요? 아마 마케팅 업무를 해보신 분이라면 다 아실 겁니다. Focus Group Interview, 줄여서 FGI라고 합니다. 일반적으로 시장 조사나 사회 과학 분야에서 많이 사용하는 정성 조사 방법입니다.

정성적으로 시장을 조사하는 방법에는 FGI, 일대일 인터뷰, 사례 연구, 관찰 등이 있습니다. 이중에서 FGI는 새로운 사업이나 제품, 신규 서비스를 기획할 때 많이 사용됩니다. 타깃이 되는 고객을 여러 명 모아서 특정 주제에 대해 질문하여 의견, 인식, 태도 등을 탐구하는 것입니다.

이런 FGI를 계획하고 실행하고 분석하는 게 쉽지 않습니다. 그래서 FGI를 외부 전문기관에 의뢰하거나 마케팅 전문 부서가 담당하곤 합니다. 하지만 신사업이나 신제품, 신규 서비스를 기획하는 사람이나 부서에는 FGI 의뢰 비용이 부담될 수도 있고, 내부 전문가가 없을 수도 있습니다.

이럴 때 LLM이 FGI를 계획하는 것부터 예상 시나리오 전개, 결과 분석까지 다 도와줍니다. FGI 전문가가 수십 명 붙어서 나를 도와준다고 생각하면 됩니다.

FGI는 1940년대에 미국에서 사회학자인 폴 라자스펠드(Paul Lazarsfeld)가 당시 라디오 같은 매체의 미디어 효과를 분석하는 방법을 만들면서 시작되었습니다. 이후에 마케팅 조사에 도입해서 소비자 행동을 분석하는 데 사용되었고 광고나 제품 개발에서 중요한 도구가 되었습니다.

저도 2000년대 초반에 새로운 웹서비스를 기획하거나 기존 웹서비스를 개편할 때 FGI를 많이 활용했습니다. 실제 서비스 사용자 예닐곱 명을 회의실에 모아서 웹페이지를 같이 보면서 의견을 들었습니다.

일반적으로 FGI는 계획, 준비, 진행, 분석, 활용 단계로 나뉩니다.

계획 단계에서는 FGI를 하는 목적과 목표를 명확히 하고 대상을 선정한 다음 질문을 설계합니다. 여기서 가장 중요한 것은 어떤 질문을 어떤 순서와 체계로 할 것이냐 하는 겁니다.

준비 단계에서는 참여자를 모집하고 장소를 모색하고 FGI를 이끌 진행자를 초빙합니다.

진행 단계에서는 참가자에게 진행을 안내하고 가볍게 아이스 브레이킹 활동을 합니다. 본격적으로 질문을 하면서 의견을 듣습니다.

분석 단계에서는 녹음이나 녹화한 자료를 정리하고 질문별, 또는 주제별 의견에서 필요한 분석을 하고 인사이트를 도출합니다.

활용 단계에서는 보고서를 작성하거나 다른 부서와 결과를 공유하거나 신사업, 신제품, 신규 서비스 등에 반영합니다.

이런 FGI를 비전문가가 계획하고 진행하고 분석하는 일이 쉽지 않습니다. 게다가 신사업이나 신상품, 신규 서비스를 기획하기 위해서 FGI를 할 때는 무슨 질문을 해야 할지 막막하기도 하고, 참가자들에게 충분히 설명하기도 쉽지 않습니다. 참가자들의 의견이 정확히 어떤 것인지, 뉘앙스는 어떤지 명확히 정의 내리기도 쉽지 않습니다. 한두 시간의 녹음이나 녹화 내용을 정리하는 것도 부담입니다.

그래서 이런 FGI는 여론조사와 마찬가지로 외부 전문기관에 의뢰하곤 합니다. 하지만 비용 문제도 있고 해서 내부에서 비전문가가 담당하게 된다면 가장 좋은 방법은 LLM을 활용하는 겁니다. FGI 계획에서부터 진행과 분석까지 LLM이 모두 도와줍니다.

우선 가상의 프로젝트를 정해보겠습니다. 우리는 TV를 제조하고 판매하는 회사인데, 이번에 TV 신제품 개발을 위해 FGI를 해야 한다고 해보겠습니다. 이때 이 내용을 그대로 LLM에게 주고 계획을 짜달라고 하면 됩니다.

 우리는 TV를 제조하고 판매한다. 이번에 신제품 개발을 위해 포커스 그룹 인터뷰를 하려고 한다. 계획을 짜줘

그러면 LLM이 TV 신제품 개발을 위한 FGI 계획을 짜 줍니다. 필요하면 계획을 수정해 달라고 하면 됩니다.

 목적을 두 문장으로 서술식으로 써줘.

 포커스 그룹 수를 3개로 하고 그룹당 참가자를 8명으로 해줘.

어느 정도 정리가 되었다면 워드 파일 등으로 변환합니다.

 지금 내용을 워드 파일로 줘

이제 실제 진행에서 사용할 질문을 만들어보겠습니다.

 이 인터뷰 계획에 따른 질문을 만들어줘.

사실 이런 FGI 질문을 만드는 것은 그리 어려운 일이 아닙니다. 하지만 능숙하지 않은 진행자라면 예상 외의 의견이 나왔을 때 당황하게 되고, 그러면 자기도 모르게 말이 많아지면서 중립을 버리고 특정인의 편을 들 수 있습니다. FGI는 모든 참가자의 의견을 고루 듣고 자유롭게 의견을 개진하는 것이 핵심이므로 이런 예상 외의 상황을 미리 파악하고 준비해야 합니다. 이때 가상의 시나리오를 미리 만들면 좋은데, 이것을 LLM에게 해달라고 하면 됩니다.

 현재 사용 중인 TV에서 가장 자주 사용하는 기능을 묻는 질문에 대해 가상의 참석자 8명의 의견을 가상으로 만들어줘.

 참가자 8의 의견에 대해 나머지 참가자에게 의견을 물었을 때 가상의 대답을 만들어줘.

필요하다면 긍정, 또는 부정 의견을 시나리오로 만들고 미리 파악할 수도 있습니다.

 참가자 대부분이 부정적인 의견을 내도록 다시 만들어줘.

이제 자료 분석을 해보겠습니다. 정성 자료를 분석할 때는 자료를 주고 키워드를 도출해 달라고 하면 됩니다.

부정적 의견의 핵심 키워드 3개를 줘.

처음부터 인사이트를 달라고 하는 것도 좋습니다.

 이 질문에 대한 참가자의 부정적 의견을 정리해서 인사이트를 3개 줘.

만약 보고를 한다면 각 인사이트의 근거도 필요합니다. 이때는 근거를 달라고 하면 됩니다. 그러면 참가자의 의견을 잘 정리해서 근거로 만들어 줍니다.

 각 인사이트의 근거를 제시해줘.

기획 업무에서 시장 조사는 필수이지만 막상 세부 조사 방법을 실행하기는 쉽지 않습니다. FGI 같은 것이 말은 쉬워 보이지만 막상 자신감 있게 계획을 짜고 진행하고 결과를 보고하는 것은 무척 어려운 일입니다. FGI만 전문으로 하는 기업이 있는 것도 다 그런 이유입니다. 하지만 LLM의 도움이 있으면 어느 정도 자신감을 갖고 FGI를 해볼 수 있습니다. 본업이 조사원이 아닌 보통 직장인이라면 꼭 LLM을 활용해서 가상으로라도 FGI를 해보기를 추천합니다.

13

신제품
시장 규모 추정하기

여러분, 신사업이나 신제품, 신규 서비스를 기획할 때 가장 어려운 게 뭔가요? 아이디어 발굴? 기술 개발? 관련자 섭외? 아닙니다. 가장 어려운 일은 기획서 작성입니다. 그렇다면 기획서 작성에서 가장 어려운 항목은 무엇일까요? 바로 시장 규모 추정입니다.

사실 비즈니스는 고객에게 뭔가를 제공하고 돈을 버는 일이기 때문에 시장 규모가 얼마나 되는지가 가장 중요합니다. 아무리 좋은 아이디어라도, 아무리 좋은 기술이라도 시장 규모가 기대에 미치지 못한다면 굳이 시도할 이유가 없습니다.

이처럼 시장 규모 추정이 중요하지만, 그만큼 어렵기도 합니다. 그런데 대기업이 하는 큰 산업에서는 증권사 등이 시장 규모를 많이 알려줍니다. 이때 시장 규모는 총 시장 규모라고 해서 해당 산업 전체의 연간 매출 규모나 잠재 고객 수에 연간 객단가를 곱한 값을 사용합니다. 이것을 TAM(Total Addressable Market)이라고 합니다.

그런데 TAM은 사실 비즈니스에서 해당 시장 전체를 보는 것이어서 참고하는 정도로만 사용합니다. 실제로는 그 시장에서 우리가 실제로 접근할 수 있는 시장이 얼마나 되는지, 그리고 그 안에서 실제로 차지할 수 있는 시장은 얼마나 되는지 알아야 합니다.

시장 규모를 추정하는 방법 중에 TAM 외에도 SAM, SOM이 있습니다. 하나씩 알아보겠습니다.

첫째, TAM(Total Addressable Market)은 이론적으로 확보 가능한 최대 시장 규모를 의미합니다. 해당 산업에서 발생하는 매출이나 사용자 수의 총합을 말합니다. 즉, 해당 산업에 있는 모든 고객이 우리 제품을 구매한다고 가정했을 때의 규모입니다. 일반적으로 TAM은 전 세계 시장 통계나 산업 리서치 자료를 보면서 추정합니다.

둘째, SAM(Serviceable Available Market)은 TAM에서 실제로 접근 가능한 시장 규모를 추려낸 겁니다. 지역별 규제나 언어 차이, 물류나 유통의 한계 등 현실적인 조건을 모두 고려해서 TAM을 축소해가는 것이 핵심입니다. 예컨대 가전 산업에서 해외 인증을 받을 수 없는 제품이라면 글로벌 전체 시장, 즉 TAM이 아니라 국내 시장만 대상으로 삼는 SAM으로 시장 규모를 봐야 합니다.

마지막 셋째, SOM(Serviceable Obtainable Market)은 SAM 중에서도 경쟁사의 존재와 자사의 역량을 반영해 실제로 획득 가능한 시장 점유율 또는 매출 규모를 말합니다. 예를 들어, 이미 시장 점유율이 높은 경쟁사가 있고 브랜드 인지도가 낮은 신생 기업이라면 SOM이 작아질 수밖에 없습니다.

이처럼 TAM-SAM-SOM은 최대 시장에서 우리가 실제로 접근 가능한 시장으로, 다시 우리가 획득 가능한 시장으로 시장 규모를 현실적으로 추정하는 방법이자 프레임워크입니다. TAM이 크면 잠재적 성장 기회가 넓고, SAM과 SOM을 정확히 추산하면 시장 진출 전략과 필요한 자원을 효율적으로 배분할 수 있습니다. 나아가 투자자 설득, 제품 포지셔닝, 재무 계획 수립 등 사업 전반에 걸쳐 중요한 의사결정 근거가 됩니다.

그런데 이렇게 중요한 TAM - SAM - SOM을 제대로 하려면 일단 자료부터 많이 조사해야 하고, 그 많은 자료를 다 분석해야 하고, 논리적 근거를 맞추기 위해 계속해서 수정 보완해야 합니다. 이 작업이 매우 어렵지만 이제 LLM이 있으면 비교적 쉽고 빠르게 할 수 있습니다. 바로 해보겠습니다.

여러분이 가정에서 빨래를 접는 로봇을 신제품으로 구상하고 있고 시장 규모를 추정해야 한다고 해보겠습니다. 이때 LLM에게 이 로봇의 시장 규모를 TAM, SAM, SOM으로 추정해달라고 하면 됩니다.

가정에서 빨래를 접는 로봇을 신제품을 만들어 판매하고자 한다. 시장 규모를 TAM, SAM, SOM으로 추정해줘.

그런데 이렇게 한번에 TAM, SAM, SOM으로 시장 규모를 추정하는 것보다는 하나씩 검증하면서 다음 단계로 내려가는 것이 좋습니다. 새 채팅을 눌러 우선 TAM을 추정한 다음 검증해 달라고 해보겠습니다.

가정에서 빨래를 접는 로봇을 신제품을 만들어 판매하고자 한다. 시장 규모를 TAM, SAM, SOM으로 추정하려고 한다. 우선 TAM을 추정해줘.

이때 수치 근거를 명확히 하기 위해 웹 검색을 사용하면 좋습니다. 새 채팅을 눌러 웹 검색을 활성화한 다음 질문하면 됩니다.

가정에서 빨래를 접는 로봇을 신제품을 만들어 판매하고자 한다. 시장 규모를 TAM, SAM, SOM으로 추정하려고 한다. 우선 TAM을 추정해줘. 신뢰할 수 있는 웹사이트에서 근거를 검색해서 추가해줘.

내용에서 근거가 부족하거나 새로운 시장 정의가 필요하면 요청합니다. 특별히 문제가 없다면 다음 단계인 SAM으로 넘어갑니다.

 네가 정의한 시장의 SAM을 추정해줘.

특별한 이견이 없다면 SOM으로 넘어갑니다.

 SOM을 추정해줘.

이제 전체를 간략하게 정리해달라고 합니다.

 TAM, SAM, SOM을 간략히 정리해줘.

이제 이 결과를 검증하고 의견을 달라고 합니다.

 이 결과를 검증하고 의견을 줘.

그리고 의견을 반영해서 다시 달라고 합니다.

 의견을 반영해서 다시 추정해줘.

이제 이 과정을 반복하면서 하나의 논리를 만들 수 있습니다.

물론 LLM이 접근한 방법이 아니라 다른 방법으로도 시장 규모를 알 수 있습니다. 따라서 다양한 접근 방법을 설정한 다음 시장 규모를 가장 잘 추정하거나, 설명하기 쉬운 것을 고를 수도 있고, 여러 방법으로 만든 시장 규모를 평균을 내거나 범위로 설정하는 것도 좋은 방법입니다.

신제품 시장 규모를 추정하는 일은 정말 어려운 일입니다. 하지만 신제품을 기획하려면 가장 먼저 해야 할 일이기도 합니다. 이때 시장 규모를 추정하는 다양한 방법이 있으며, 이것을 굳이 혼자서 할 필요는 없습니다. LLM은 이미 다양한 시장 규모 추정 방법을 알고 있으니 같이 대화하면서 시장 규모를 추정해 보기 바랍니다.

14

비즈니스 모델
캔버스 작성하기

여러분, BMC라고 아세요? Business Model Canvas의 약자입니다. BMC는 비즈니스 모델을 기획할 때 최근 많이 사용하는 도구입니다. 아이디어를 간결하면서도 효과적으로 구체화할 수 있는 도구여서 많은 경영자나 기획자가 선호합니다.

BMC는 신사업을 기획하거나 새로운 비즈니스 모델을 만들고자 할 때 기본 도구로 많이 사용됩니다. 스타트업을 육성하는 기관에서도 BMC를 가르치고, 삼성 C-Lab에서도 BMC를 사용해서 신사업이나 신제품을 기획합니다.

특히 BMC는 기획팀과 고객, 투자자와 효과적으로 소통할 수 있는 도구여서 BMC 한 장만 제대로 만들면 사실상 초기 기획이 완료되었다고도 합니다. 물론 정량적 데이터보다는 정성적인 요소나 개념에 초점을 맞추고 있고, 세부적인 사항이 부족하고, 변화하는 환경에 대응하기가 어렵다는 한계는 있습니다. 그런데 이런 건 BMC의 근거 자료에서 충분히 극복할 수 있습니다.

진짜 문제는 이런 BMC를 제대로 만들기가 어렵다는 점입니다. 그런데 LLM을 사용하면 BMC를 아주 쉽고 빠르게 만들 수 있고, 근거도 충분히 확보할 수 있습니다. 자세히 알아보겠습니다.

비즈니스 모델 캔버스, BMC는 스위스의 경영학자 알렉산더 오스터왈더(Alexander Osterwalder)와 그의 팀이 연구한 비즈니스 모델 프레임워크에서 시작되었습니다. 2004년 "The Business Model Ontology"라는 논문에서 BMC의 기초가 만들어졌습니다. BMC는 단순한 발명이 아니라, 기존의 경영학 이론과 실무적 요구를 체계화하고 시각적으로 정리한 결과물이라고 볼 수 있습니다.

이후 오스터왈더는 다양한 산업에서 비즈니스 모델의 공통적인 구성 요소를 도출했고, 이를 기반으로 9가지 요소를 포함한 캔버스 형태의 프레임워크를 개발했습니다. 2010년에 "Business Model Generation"이란 책을 출간하면서 BMC를 자세히 설명했고, 이 책이 베스트셀러가 되면서 스타트업 커뮤니티와 경영학계에서 필수 도구로 자리잡았습니다.

비즈니스 모델 캔버스(BMC)의 첫 번째 구성 요소인 가치 제안(Value Proposition)은 고객에게 제공되는 제품이나 서비스의 핵심 가치를 뜻합니다. 고객의 문제를 해결하거나 욕구를 충족시키는 데 초점을 둡니다. 예를 들어, 넷플릭스는 광고 없는 무제한 스트리밍 서비스를 통해 고객이 어디서나 손쉽게 콘텐츠를 즐길 수 있도록 편리함과 다양한 선택의 폭을 제공합니다.

두 번째 구성 요소인 고객 세그먼트(Customer Segments)는 비즈니스가 목표로 삼는 주요 고객 그룹을 정의하는 요소입니다. 고객의 특성과 요구 사항에 따라 세그먼트를 여러 가지로 나눌 수 있습니다. 예컨대, 아이폰은 프리미엄 디자인과 성능을 선호하는 고소득층, 기술 매니아, 그리고 브랜드 가치를 중시하는 고객을 주요 대상으로 합니다.

세 번째 구성 요소인 채널(Channels)은 제품이나 서비스를 고객에게 전달하고 가치를 제공하는 방법을 설명하는 요소입니다. 채널에는 온라인 플랫폼, 오프라인 매장, 유통 네트워크 등이 포함됩니다.

네 번째 구성 요소인 고객 관계(Customer Relationships)는 고객과의 상호작용 방식과 이를 통해 유지되는 관계의 유형을 뜻합니다. 예를 들어, 아마존은 고객 맞춤형 추천 시스템과 24시간 고객 서비스를 통해 고객과의 장기적 관계를 구축하고 신뢰를 쌓습니다.

다섯 번째 구성 요소인 수익 흐름(Revenue Streams)은 비즈니스가 수익을 창출하는 방식에 대해 설명하는 요소입니다. 넷플릭스는 월별 구독 요금을 통해 안정적인 수익을 창출하며, 영화관과 같은 경쟁 서비스와 차별화된 가치를 제공합니다.

여섯 번째 구성 요소인 핵심 활동(Key Activities)은 비즈니스를 운영하고 가치를 제공하기 위해 반드시 수행해야 하는 활동들입니다. 예를 들어, 테슬라는 전기차 설계와 생산뿐만 아니라 충전 인프라 구축에 집중하여 고객 가치를 강화합니다.

일곱 번째 구성 요소인 핵심 자원(Key Resources)은 비즈니스를 성공적으로 운영하는 데 필요한 자원으로, 물리적 자원, 인적 자원, 지적 자산 등이 포함됩니다. 예를 들어, 구글은 검색 알고리즘과 같은 기술 자산과 우수한 인재를 핵심 자원으로 활용합니다.

여덟 번째 구성 요소인 핵심 파트너(Key Partnerships)는 비즈니스 목표를 달성하기 위해 협력해야 하는 외부 조직이나 단체를 의미합니다. 예를 들어, 무신사처럼 자체 물류 네트워크를 가지지 못한 온라인 쇼핑몰은 물류 전문 기업과 협력을 통해 운송 서비스를 제공하고, 고객에게 가치를 전달합니다.

마지막으로 아홉 번째 구성 요소인 비용 구조(Cost Structure)는 비즈니스 모델을 운영하는 데 드는 주요 비용을 정의합니다. 이는 고정비와 변동비로 나뉩니다. 예를 들어 테슬라는 공장 운영 비용과 연구 개발 비용을 핵심 비용으로 관리합니다.

이렇게 아홉 가지 구성 요소가 한 페이지에 시각화되어 있어서 전체 모델을 한눈에 볼 수 있고, 불필요한 내용이 없어서 핵심에 집중할 수 있습니다.

그런데 막상 BMC를 작성하는 일은 쉽지 않습니다. 내가 생각하는 비즈니스 모델을 10장으로 설명하는 것보다 1장으로 설명하는 것이 더 어려운 법입니다. 하지만 LLM을 사용하면 BMC를 아주 쉽고 빠르게 만들 수 있습니다.

LLM을 써서 BMC를 작성하는 방법은 여러 가지가 있습니다. 아이디어를 던져주고 BMC를 만들어 달라고 하고 그 초안을 수정할 수 있습니다. 이때는 바로 아이디어를 설명하고 BMC를 만들어 달라고 하면 됩니다.

 아파트 실내 환기 알림 기기를 개발하려고 한다. BMC를 만들어줘.

그런데 BMC는 9가지 구성요소에 대해 순차적으로 기술하도록 되어 있습니다. 하나씩 단계별로 생각하면서 작성하게 되어 있으므로 LLM과 단계별로 질문과 대답을 반복하면서 만드는 것을 추천합니다. 이때는 이렇게 말하면 됩니다.

아파트 실내 환기 알림 기기를 개발하려고 한다. 이 아이디어를 가지고 BMC를 만들고 싶다. 9가지 구성요소에 대해 한 단계씩 네가 질문하면 내가 대답하겠다. 질문과 대답이 모두 끝나면 네가 BMC를 한 장으로 만들어줘.

만약 대답하는 것이 쉽지 않다면 예시를 말해달라고 하는 것도 좋습니다.

아파트 실내 환기 알림 기기를 개발하려고 한다. 이 아이디어를 가지고 BMC를 만들고 싶다. 9가지 구성요소에 대해 한 단계씩 네가 질문하면 내가 대답하겠다. 이때 내가 참고할 예시 답변도 몇 개 알려줘. 질문과 대답이 모두 끝나면 네가 BMC를 한 장으로 만들어줘.

BMC를 만들고 나면 수정이나 보완을 해야 합니다. 이때 LLM에게 내가 만든 BMC를 주고 검토해 달라고 하는 것도 좋습니다.

다음은 내가 만든 BMC다. 네가 투자자라고 생각하고 내용을 자세히 검토해서 수정이나 보완할 것을 알려줘.

비즈니스 모델 캔버스를 작성하는 일이 쉽지는 않습니다. 그래서 스타트업 육성 기관이나 삼성전자 C-LAB에서도 짧게는 하루, 길게는 며칠을 들여서 BMC를 가르쳐 주고 같이 실습해서 완성합니다. 그럼에도 불구하고 완벽하지 않아서 몇 번이고 수정과 보완을 반복합니다. 이러다 보면 못해도 일주일은 걸립니다. 하지만 LLM을 활용하면 이 시간을 한나절 정도로 줄일 수 있습니다. 게다가 혼자서 BMC를 만드는 것보다 훨씬 더 나은 결과를 얻을 수 있습니다. 꼭 LLM을 활용해서 비즈니스 모델을 만들어 보기 바랍니다.

3

보통 직장인의
창의력을
높이는 프롬프트

15 _ 아이디어를 발굴, 설명, 검증하기
16 _ 혁신적 문제해결 기법(TRIZ)으로 아이디어 얻기
17 _ 고객 핵심 요구사항 분석(CTQ)으로 아이디어 도출하기
18 _ 요인(원인)을 중복과 누락 없이 찾기
19 _ 문제의 근본 원인을 찾아내기
20 _ '왜?'를 다섯 번 물어 (5 Whys 기법) 문제의 뿌리 찾기

15

아이디어를
발굴, 설명, 검증하기

여러분, 혹시 '아이디어' 하면 떠오르는 이미지가 있나요? 혹시 머리에서 번쩍이는 전구를 생각하셨나요? 아마 이런 이미지가 아이디어를 표현한다고 생각할 것입니다. 하지만 아이디어는 무에서 유가 나타나듯 번뜩 떠오르지 않습니다. 아이디어는 많은 지식과 대화와 생각에서 나옵니다. 세계에서 가장 많은 지식을 가진 것이 LLM입니다. 이 말은 곧 LLM을 사용하면 아이디어를 많이 발굴할 수 있다는 뜻입니다.

아이디어를 발굴했으면 상사나 투자자에게 설명해야 하는데, 설명이 쉽지 않습니다. 현장에서는 아이디어를 제대로 설명하지 못해서 사라지는 경우가 참 많습니다. 이제 LLM이 아이디어를 대신 설명해 줄 수 있습니다. 게다가 아이디어를 듣는 사람의 질문이나 이견도 LLM을 통해 미리 알 수 있습니다. 그러면 아이디어를 발굴하고 설명하고 검증하는 프롬프트를 알아보겠습니다.

첫째, 아이디어 발굴입니다. 여러분이 냉장고 신제품을 개발하고 있다고 해보겠습니다. 새로운 아이디어를 얻기 위해 LLM의 도움을 받고 싶습니다. 이때 "냉장고 신제품 아이디어를 줘."라고 물어보면 될까요? 한번 해봤습니다다. 그랬더니 AI 스마트 냉장고, 모듈형 냉장고, 에너지 절약 냉장고 등 요즘 관심사를 반영한 제품으로 알려줍니다.

 냉장고 신제품 아이디어를 줘.

 다음은 신선하고 혁신적인 냉장고 신제품 아이디어 몇 가지야!

1. AI 스마트 냉장고
   - 음성 인식 & 추천 시스템: "오늘 뭐 먹을까?"라고 물으면 냉장고에 있는 재료로 레시피 추천.
   - 자동 식료품 주문: 유통기한이 다가오거나 부족한 재료 자동 주문(마트 연동).
   - AR 투명 디스플레이: 문을 열지 않아도 냉장고 안을 확인 가능(투명 OLED).

2. 모듈형 냉장고
   - 사용자가 직접 냉장/냉동 칸을 추가하거나 뺄 수 있는 모듈형 디자인.
   - 1~2인 가구는 작은 크기로, 대가족은 추가 모듈 장착 가능.

3. 온도 조절이 가능한 다기능 서랍
   - 서랍별로 냉장/냉동/신선보관 모드 조절 가능.
   - 한 서랍을 필요에 따라 와인셀러, 김치냉장고, 냉동고 등으로 변환 가능.

4. 에코 에너지 절약 냉장고
   - 태양광 충전 패널 탑재(베란다 설치 가능).
   - 사용 패턴을 분석해 가장 효율적인 냉각 스케줄 자동 조절.
   - 문을 오래 열어 두면 경고 및 자동 냉각 보정 기능.

5. 휴대용 미니 스마트 냉장고
   - 차량이나 캠핑용으로 적합한 초경량 냉장고.
   - 배터리 내장으로 24시간 이상 작동.
   - 스마트폰과 연동해 온도 조절 및 충전 상태 확인 가능.

6. 디자인 맞춤형 냉장고
   - 교체 가능한 외관 패널로 인테리어에 맞게 커스텀 가능.
   - 디지털 스크린이 있어 사진, 메모, 달력 등을 표시 가능.

> 7. 탈부착 이동형 미니 냉장고
> - 냉장고 문 안쪽에 분리 가능한 미니 냉장고 내장.
> - 필요할 때 뽑아서 침대 옆이나 사무실 책상 위에서 사용 가능.
>
> 이 중 어떤 아이디어가 가장 마음에 들어?

물론 이런 아이디어도 좋을 수 있습니다. 그런데 이런 아이디어가 우리가 정말 원하는 것일까요? 우리 비즈니스에 어울리는 것일까요? 상사나 고객에게 얘기할 만한 것일까요? 그렇지는 않을 겁니다.

아이디어를 발굴하고자 할 때는 구체적인 정황과 범위, 요구가 있어야 합니다.

예를 들어 "냉장고 신제품 아이디어를 줘."라고 하기보다는 "카메라와 AI 기술 등을 냉장고에 적용해서 구현할 수 있는 새로운 기능이나 성능을 높일 수 있는 아이디어를 7개 줘."라고 하는 것이 좋습니다.

"제품 납기를 지키는 아이디어를 줘."라고 하기보다는 "기존 제품을 생산하는 과정에서 적외선 센서 공급이 원활하지 않았다. 매번 늦게 도착해서 제품 생산에 차질이 잦았다. 이런 문제를 해결한 사례가 있을까?"라고 묻는 것이 좋습니다.

연구 아이디어를 원할 때도 "스마트폰 앱 사용성을 높이는 연구 주제를 줘."라고 하기보다는 "스마트폰 앱 사용성을 높이는 요인 중 상관관계나 인과관계를 분석해 볼 만한 주제를 줘."라고 하는 게 낫습니다.

둘째, 아이디어 설명입니다. 아이디어를 발굴하면 상사나 투자자 등에게 아이디어를 설명해야 합니다. 보통 우리는 아이디어를 설명할 때 구조나 기능, 성능이나 디자인 등을 중심으로 직설적인 화법으로 설명하곤 합니다.

예를 들어 카메라와 AI를 활용해 냉장고 내부 재료를 분석해서 개인 맞춤형 식단을 추천하는 아이디어가 있다고 해보겠습니다. 이것을 "이 아이디어는 냉장고 내부에 고화질 카메라를 설치해서 냉장고 문을 열었을 때 자동으로 내부를 촬영하고 재료를 AI로 식별한 다음 사용자 성향에 맞는 식단과 레시피를 생성하여 사용자의 모바일 앱 등을 통해 알려주는 서비스입니다."라고 말하는 겁니다.

물론 이런 식의 설명도 좋습니다. 하지만 설명을 공학적으로만 할 필요는 없습니다. 비유나 예시를 들거나, 단계별로 나눠서 설명하거나, 스토리텔링 방식으로 말하거나, 질문과 답변 형식으로 설명할 수도 있습니다. 또는 아이디어 설명서라는 체계적인 문서로 만들어 제시하는 것도 좋은 방법입니다. 이것 역시 LLM이 대신해 줍니다.

셋째, 아이디어 검증입니다. 아이디어를 들은 사람들은 다양한 관점에서 질문하거나 동조하거나 반대합니다. 이때 다양한 관점을 미리 알 수 있는 여러 가지 방법이 있습니다. 그중에서 여섯 색깔 모자 기법(six thinking hats)을 추천합니다. 여섯 색깔 모자 기법을 사용하면 각기 다른 사고 방식을 상징하는 여섯 가지 색깔의 모자를 쓰고 다양한 관점에서 아이디어를 검증할 수 있습니다.

첫째, 흰색 모자(White Hat)는 객관적이고 중립적인 시각에서 사실과 정보를 중심으로 생각합니다. 데이터와 통계에 근거한 분석으로만 말합니다.

둘째, 빨간색 모자(Red Hat)는 감정과 직관, 본능적인 반응을 중시합니다. 논리나 사실에 얽매이지 않고 감정적인 측면에서 문제를 바라봅니다.

셋째, 검은색 모자(Black Hat)는 비판적이고 부정적인 시각에서 문제의 위험 요소와 약점을 분석합니다. 신중하게 문제의 잠재적인 위험을 고려합니다.

넷째, 노란색 모자(Yellow Hat)는 긍정적이고 낙관적인 시각에서 문제의 장점과 이점을 생각합니다. 긍정적인 가능성과 잠재적인 기회를 탐색합니다.

다섯째, 초록색 모자(Green Hat)는 창의적이고 새로운 아이디어를 중시합니다. 자유로운 사고를 통해 혁신적인 해결책을 모색합니다.

여섯째, 파란색 모자(Blue Hat)는 전체적인 사고 과정과 구조를 관리하고 조율합니다. 문제 해결 과정의 진행 상황을 감독하고 필요한 경우 방향을 조정합니다.

원래는 여섯 사람이 회의실에 모여서 모자를 바꿔 쓰며 아이디어를 검증해야 하지만, 이제는 AI가 혼자서 여섯 사람 역할을 할 수 있습니다.

그럼, 아이디어 발굴부터 설명과 검증까지 이어지는 작업의 프롬프트를 보겠습니다. 우선 냉장고 신제품 아이디어부터 질문해 보겠습니다.

카메라와 AI 기술 등을 냉장고에 적용해서 구현할 수 있는 새로운 기능이나 성능을 높일 수 있는 아이디어를 7개 줘.

이 중 OOO 아이디어를 300자로 설명해줘.

아이디어를 설명하는 방법을 5가지 알려줘.

앞에서 설명한 아이디어를 5가지 설명 방법으로 각각 설명해줘.

이 아이디어를 여섯 색깔 모자 기법으로 검증해줘.

이번에는 제품 납기 사례로 해보겠습니다.

기존 제품을 생산하는 과정에서 적외선 센서 공급이 원활하지 않았다. 매번 늦게 도착해서 제품 생산에 차질이 잦았다. 이런 문제를 해결한 사례가 있을까?

이 중 OOO 사례를 200자로 설명해줘.

이 사례를 활용할 수 있는 아이디어를 한 가지 줘.

 이 아이디어를 스토리텔링 방식으로 설명해줘.

 이 아이디어를 여섯 색깔 모자 기법으로 검증해줘.

마지막으로 연구 아이디어를 묻는 질문으로 해보겠습니다.

 스마트폰 앱 사용성을 높이는 요인 중 상관관계나 인과관계를 분석해 볼 만한 주제를 줘.

 이 아이디어를 제안할 수 있게 아이디어설명서를 써 줘.

 이 아이디어설명서를 여섯 색깔 모자 기법으로 검증해줘.

 검증한 내용을 바탕으로 아이디어설명서를 수정해서 다시 줘.

아이디어를 내는 목적은 내가 아이디어가 많다는 것을 과시하기 위함이 아닙니다. 아이디어를 통과시켜서 실행하고 비즈니스로 만들기 위함입니다. 그러려면 아이디어를 발굴하는 것만큼 제대로 설명하고 제대로 검증하는 것이 중요합니다. LLM을 활용해서 평소 하고 싶었던 아이디어를 실현해 보면 어떨까요?

16

혁신적 문제해결 기법(TRIZ)으로 아이디어 얻기

여러분, TRIZ 아시나요? 1946년 소련의 발명가 겐리치 알츠슐러(Genrich Altshuller)가 창안한 문제 해결과 혁신을 위한 체계적인 방법론입니다. 영어로는 'Theory of Inventive Problem Solving', 우리말로는 '창의적 문제해결 이론'이라고 합니다.

실제로는 기술적 아이디어 발굴에 많이 사용됩니다. 그래서 삼성을 비롯해서 많은 대기업과 연구소가 TRIZ를 배웁니다. 특히 TRIZ의 주요 구성 요소 중 40가지 발명 원리는 아이디어 도출에 큰 도움이 됩니다. 겐리치는 "세상을 바꾼 창의적인 아이디어에는 일정한 패턴이 있다."라고 얘기합니다. 17년 동안 러시아 특허 20만 건을 분석했더니 거의 모든 아이디어가 40가지 패턴에 포함된다는 것을 알아냈습니다.

그런데 40가지나 되는 발명 원리를 보통 직장인이 다 이해하고 적용하기는 쉽지 않습니다. TRIZ 전문가 제도가 있고 자격증을 따는 사람도 많지만, 보통 직장인에게는 아무래도 부담입니다. 하지만 LLM을 쓰면 TRIZ의 40가지 발명 원리를 아주 쉽게 사용할 수 있습니다. 마치 TRIZ 전문가 수십 명을 데리고 일하는 것과 같습니다.

TRIZ는 문제 해결과 혁신을 위한 체계적인 방법론입니다. 우선 문제의 본질을 이해해야 합니다. 문제 대부분은 기술적 모순에서 발생하며, TRIZ는 이런 모순을 분석하고 해결책을 찾는 데 초점을 둡니다. 이때 40가지 발명 원리를 제시하는데, 이들 원리를 활용해서 기술적 모순을 해결할 수 있습니다.

40가지 발명 원리는 물질과 기능을 분리하거나 결합하는 방법, 대칭성을 변경하거나 단순화하는 전략, 물리적, 화학적 속성을 활용하는 기술, 구조를 세분화하거나 통합하는 방식, 시간적, 공간적 자원을 재배치하는 방법 등 다양합니다.

좀더 자세하게는 분할을 통해 시스템을 더 작은 부분으로 나누거나 추출을 통해 원하는 요소만을 분리해 사용하는 방법, 국소적 특성 변경으로 특정 영역만 변경하거나 개별적인 특성을 강조하는 방식, 그리고 비대칭성을 도입해 균일한 설계를 벗어나 유연성을 높이는 전략 등이 있습니다.

또한 복합재료 사용과 같은 물리적 속성 변경, 과잉 보상을 통한 성능 극대화, 자기 서비스성을 활용해 시스템이 스스로 문제를 해결하게 하는 접근 등이 있습니다.

시간 및 공간 자원의 효율성을 높이는 방법으로는 사전작업 수행, 역설계, 조기 실행 등의 원리가 있으며, 공간 활용 측면에서는 다층 구조 도입이나 구체적 대기 조건 활용이 있습니다. 기술 진화를 예측하고 문제를 해결하기 위해 동적 특성 도입, 물리적 특성의 변화, 원료의 대체 같은 원리도 포함되어 있습니다.

40가지 전체 원리는 분할, 추출, 국소적 특성, 비대칭성, 결합, 다기능성, 포개기, 무게 균형, 사전반대 조치, 사전작업, 역전, 가역성, 동적 특성, 과잉조치, 동질성, 원자재 대체, 구조 변화, 기계적 진동, 주기적 작용, 유용한 작용의 연속성, 고속 작동, 유해 작용 보상, 피드백, 중개자, 자체 서비스, 복합성, 과잉 대책, 환경 이용, 차원 변경, 물질 상태 변화, 강도 증가, 전이, 상단 작동, 단순화, 폐기, 모방, 자율성, 감지 개선, 동질성 유지, 표면 개선 등이 있습니다. LLM을 쓰면 이런 40가지 발명 원리를 아주 쉽게 사용할 수 있습니다.

먼저 LLM에게 TRIZ의 40가지 발명 원리를 아는지 물어보겠습니다.

 TRIZ의 40가지 발명 원리를 설명해줘.

LLM이 40가지 발명 원리를 하나씩 잘 설명하는 것을 볼 수 있습니다.

이제 모순이 되는 내용을 주고 40가지 발명 원리로 아이디어를 달라고 해 보겠습니다. 예를 들어 우리가 자동 청소 로봇 개발을 담당하고 있다고 해보겠습니다. 청소 로봇은 바닥에 있는 머리카락이나 먼지는 쓸어 모으고, 전선이나 노끈 같은 것은 흡입하면 안 됩니다. 그런데 자꾸 전선이나 노끈을 흡입하다 작동이 멈추거나 합니다. 이 모순을 40가지 발명 원리로 해결할 수 있는지 물어보겠습니다.

 우리는 자동 청소 로봇 신제품 개발을 담당하고 있다. 기존 청소 로봇이 바닥에서 자꾸 전선이나 노끈과 같이 먼지나 오염물이 아닌 것을 흡입하다 작동이 멈추거나 한다. 청소 로봇이 원래 바닥에 있는 쓰레기나 먼지를 흡입해야 하지만 로봇 작동에 지장을 주는 전선이나 노끈은 흡입해서는 안 된다. 이 모순을 40가지 발명 원리를 이용해서 해결책을 찾아줘.

LLM이 이렇게 다양한 아이디어를 바로 내주므로 우리는 아이디어를 검토하고 선택해서 고도화하면 됩니다. 여기서 셀프 서비스 원리를 더 검토해 보겠습니다.

셀프 서비스 원리를 더 활용해서 아이디어를 더 줘.

마음에 드는 아이디어가 있다면 하나를 선택해서 모순과 함께 설명해달라고 하면 됩니다.

 두 번째 아이디어를 모순과 함께 자세히 설명해줘.

이렇게 하면 모순과 해결 아이디어, 세부 기술 내용 등을 잘 설명해 줍니다. 이때 아이디어를 검증해 달라고 하거나 검증하는 방법을 알려달라고 하면 좋습니다.

 위 아이디어를 검증해 줘.

TRIZ는 기술적 아이디어 도출에 아주 좋은 방법론입니다. 하지만 막상 40가지나 되는 발명 원리를 하나씩 다 이해하면서 쓰기는 쉽지 않습니다. 하지만 LLM을 사용하면 아주 쉽고 빠르게 40가지 발명 원리를 다 써서 아이디어를 도출할 수 있습니다. 지금 바로 써 보기 바랍니다.

17

고객 핵심 요구사항 분석(CTQ)으로 아이디어 도출하기

여러분, CTQ 아세요? CTQ는 Critical to Quality라고 해서 품질 경영이나 프로세스 개선에서 사용되는 중요한 개념이자 방법론입니다. 고객 요구사항을 만족시키기 위해 반드시 충족되어야 하는 품질 특성을 정의하는 데에 사용됩니다.

이 개념은 식스 시그마 품질 경영 방법론에서 유래했습니다. 알다시피 식스 시그마는 1980년대 미국 모토로라 사에서 처음 개발된 프로세스 개선 기법입니다. 1980년대에 제품의 품질 문제로 재작업이나 반품, 고객 불만이 늘어나자 이러한 문제를 해결하기 위한 새로운 관리 기법이 필요했습니다. 이때 결함 없는 완벽한 제품을 목표로 식스 시그마가 발전했고, 식스 시그마에서 문제를 확인하고 상태를 파악하는 첫 단계인 Define 단계에서 CTQ 도구가 사용되었습니다.

이후 GE 등 글로벌 기업에서 품질 개선과 비용 절감을 위해 적극적으로 도입하며 발전했고, 우리나라에서는 삼성이 도입해서 많은 성과를 거두고 있습니다.

그런데 사실 식스 시그마가 워낙 품질을 지향하다 보니 품질 부서 외에는 식스 시그마의 좋은 도구나 프레임워크를 잘 사용하지 않습니다. 하지만 CTQ 트리 같은 것은 신사업이나 신제품 기획, 신규 서비스 기획에도 꽤 도움이 됩니다.

CTQ 트리(Critical to Quality Tree)는 고객의 요구사항(VOC, Voice of Customer)을 구체적이고 측정 가능한 품질 특성으로 변환하기 위해 사용되는 도구입니다. CTQ 트리는 크게 세 가지 단계로 구성됩니다.

첫 번째 단계는 고객 요구사항을 정의하는 것으로 Need, 또는 VOC 단계라고 합니다. 이 단계에서는 고객이 제품이나 서비스에서 기대하는 주요 사항을 파악합니다. 예를 들어, '제품이 고장 없이 오래 사용 가능해야 한다'는 고객의 일반적인 요구사항입니다.

두 번째 단계에서는 이러한 요구사항을 충족시키기 위한 핵심 품질 특성이나 요소를 도출하는 Drivers 단계입니다. 품질 특성은 고객의 기대를 실질적으로 충족하기 위해 중요한 성능을 기준으로 정의됩니다. 예를 들어, '제품의 내구성', '내부 부품의 신뢰성', '내마모성' 등이 있습니다.

마지막 세 번째 단계는 품질 특성을 구체적이고 측정 가능한 수준으로 변환하여 CTQ를 정의하는 단계입니다. 이는 특정 수치나 임곗값을 통해 표현되며, 품질 목표를 명확히 합니다. 예를 들어, '제품이 3년 이상 사용 가능', '부품의 고장률이 0.1% 이하', '테스트 후 마모율 2% 미만'과 같은 방식으로 표현됩니다.

CTQ 트리를 작성하기 위해서는 먼저 고객 요구사항을 설문조사, 인터뷰, 피드백 등을 통해 수집하고 이를 분석하여 주요 품질 특성을 분류해야 합니다. 이후 품질 특성을 정량화하여 측정 가능한 목표로 변환하고, 이를 통해 프로세스 개선 활동을 계획합니다.

그런데 이런 CTQ 트리를 직접 만드는 것이 쉽지 않습니다. 왜냐하면 앞에서 얘기한 3가지 단계, 즉 고객의 요구사항을 충분히 이해하는 일, 품질의 특성을 충분히 파악하는 일, 측정 가능한 품질 항목을 만들어내는 일을 한 사람이 모두 하기가 거의 불가능하기 때문입니다. 그래서 어쩔 수 없이 마케팅 전문가, 제품 개발자, 품질 관리자 등이 모여서 일을 해야 하는데 그 과정에서 많은 시간과 소통이 필요합니다.

이런 CTQ 트리 만들기를 LLM이 도와줍니다. 누락이나 중복을 방지하면서도 수십 명의 전문가가 모여서 의논한 결과인 CTQ 트리를 아주 쉽고 빠르게 만들어줍니다. 우선 CTQ에 대해 이해하는지 LLM에게 물어보겠습니다.

 CTQ(critical to quality)가 뭔지 설명해줘

LLM은 CTQ, 식스 시그마, 린 등 많은 품질 관리 기법을 다 알고 있습니다. 이제 CTQ 트리를 설명해달라고 해보겠습니다.

 CTQ 트리를 설명해줘

이제 우리가 품질을 개선하려는 제품과 고객의 소리를 알려주고 CTQ 트리를 만들어달라고 하면 됩니다.

 **우리는 TV 리모콘에 대해 CTQ를 만들고자 한다. 우리가 수집한 VOC는 다음과 같다.
"리모콘이 미끄러운지 손에서 자꾸 떨어뜨려요."**

CTQ 트리는 역으로도 만들 수 있습니다. 예를 들어 연구팀이 처음부터 리모컨 뒷면에 홈이 반복되는 패턴을 추가한다고 해보겠습니다. 그러면 그것이 고객의 어떤 요구사항을 대응할 수 있는지 알아야 합니다. 이때 LLM에게 CTQ 트리를 역으로 만들어달라고 하면 됩니다.

CTQ 트리를 역으로 만들어줘. 다음은 CTQ 기준이야.
"리모컨 뒷면에 홈이 반복되는 패턴을 추가한다. 홈 깊이는 0.3mm 이상이다."

식스 시그마의 절차는 DMAIC이라고 해서 유명합니다. DMAIC은 Define, Measure, Act, Improve, Control을 의미합니다. 여기서 가장 먼저 해야 하는 Define 단계에서 CTQ가 사용됩니다. 그만큼 중요한 도구입니다. 하지만 막상 CTQ 트리를 만들려면 오랜 시간 고민이 필요합니다. 그런데 이제는 LLM이 비록 초안이기는 하지만 CTQ 트리를 금방 만들어줍니다. 그것을 기반으로 관련 전문가와 논의하면서 신제품이나 품질 개선을 더 빨리 이뤄낼 수 있습니다. 지금 바로 해보기 바랍니다.

18

요인(원인)을
중복과 누락 없이 찾기

여러분, 혹시 MECE란 말 들어보셨나요? MECE의 ME는 Mutually Exclusive, 상호 배타적이라는 말입니다. 각 항목이 서로 겹치지 않도록 중복 없이 분류하는 것을 의미합니다. 예를 들어 학교를 초등학교, 중학교, 고등학교, 대학교로 분류하면 상호 배타적입니다. 한 사람이 동시에 고등학생이면서 대학생이 될 수는 없기 때문입니다. 중복이 없다는 겁니다.

MECE의 CE는 Collectively Exhaustive, 즉 전체적으로 포괄한다는 말입니다. 모든 가능한 경우를 포함하도록 분류하는 것을 의미합니다. 예를 들어, 초등학생, 중학생, 고등학생, 대학생을 묶으면 학생을 모두 포함해서 포괄적이 됩니다. 누락이 없다는 겁니다.

MECE는 중복과 누락을 방지하는 기획의 기본 원리입니다. 그런데 막상 MECE하게 분석하거나 글을 쓰려고 하면 쉽지 않습니다. 잘 쓴 글이나 문서를 보면 전혀 MECE하지 않을 때도 많아서 여러분이 처음부터 MECE하게 기획하거나 분석하거나 보고하는 게 쉽지 않습니다.

예를 들어 삼성전자 경영설명회 자료를 보겠습니다. 홈페이지의 '투자자 정보'에는 경영설명회 발표 영상과 문서가 같이 올라옵니다. 문서를 보면 손익계산서와 함께 사업부별 실적 분석과 향후 시장 예상, 그리고 전략이 들어있습니다.

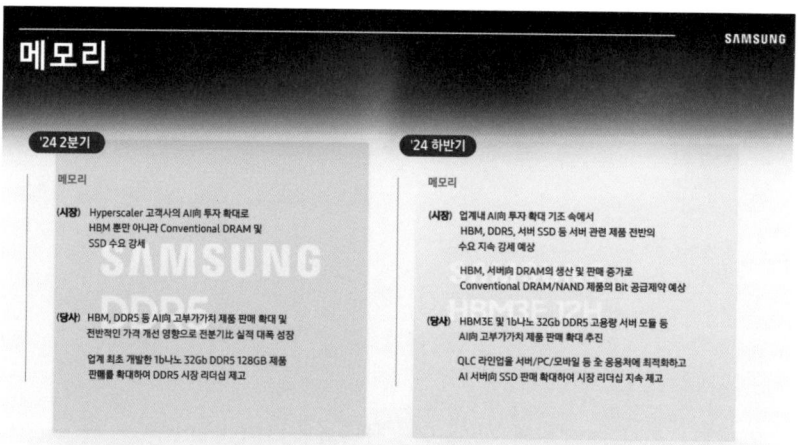

여기서 메모리 분야의 2024년 2분기 시장 분석을 보겠습니다. "Hyperscaler 고객사의 AI向 투자 확대로 HBM 뿐만 아니라 Conventional DRAM 및 SSD 수요 강세"라고 쓰여 있습니다. 그리고 당사 분석에서는 "HBM, DDR5 등 AI向 고부가가치 제품 판매 확대 및 전반적인 가격 개선 영향으로 전분기比 실적 대폭 성장"이라고 쓰여 있습니다.

즉, 외부 요인으로는 수요 강세, 내부 요인으로는 고부가가치 제품 판매 확대와 가격 개선으로 실적이 대폭 성장했다는 겁니다. 그러면 과연 이 내용은 MECE한 걸까요?

결과적으로 보면 이 문서 자체는 전혀 MECE하지 않습니다. 수많은 내외부 요인 중에서 한두 가지를 선택했기 때문입니다. 이건 분명 감이나 경험, 노하우나 연륜으로 선택했을 수 있습니다. 하지만 이런 요인을 선택하기 전에 이미 수많은 요인을 MECE하게 검토했다는 것이 중요합니다. 마치 백조가 호수 위에서 유유히 한 방향으로 가고 있는 것처럼 보이지만, 물밑에서는 끊임 없이 사방팔방으로 발버둥을 치는 것과 같습니다. 핵심 요인 하나를 보여주기 위해 물밑에서 수많은 요인을 MECE하게 분석했다는 말입니다.

그렇다면 외부 요인에서 수요 강세 외에 다른 요인은 무엇이 있을까요? 내부 요인에서 판매 확대와 가격 개선 외에 다른 요인은 무엇이 있을까요? 이런 것을 LLM이 아주 잘 알려줍니다.

이때 질문을 잘해야 합니다. 예를 들어 "반도체 메모리 실적이 오르는 요인이 뭐가 있지?"라고 물으면 LLM은 단순 나열만 해줍니다. 단순 나열은 중복될 수도 있고 누락될 수도 있어서 MECE하지 않습니다. 만약 여러분이 MECE한 범주를 알고 있다면 범주를 미리 지정하고 요청하면 됩니다. 예를 들어 "반도체 메모리 실적이 오르는 외부 요인과 내부 요인을 각각 5개씩 알려줘."라고 하면 됩니다. 만약 범주를 잘 모르겠다면 범주 개수를 지정하거나 MECE하게 달라고 하면 됩니다.

먼저 단순 나열을 요청해 보겠습니다.

 반도체 메모리 실적이 오르는 요인이 뭐가 있지?

이번에는 범주를 알려줘 보겠습니다.

 반도체 메모리 실적이 오르는 외부 요인과 내부 요인을 각각 5개씩 알려줘.

범주를 잘 모른다면 범주로 나눠달라고 하면 됩니다.

 반도체 메모리 실적이 오르는 다양한 요인을 범주로 나눠서 각각 5개씩 줘.

범주를 MECE하게 만들고자 한다면 MECE라는 말을 추가하면 됩니다.

반도체 메모리 실적이 오르는 다양한 요인을 범주로 나눠서 각각 5개씩 줘. MECE하게 해줘.

범주를 잘 모른다면 먼저 제안해 달라고 해도 됩니다.

반도체 메모리 실적이 오르는 다양한 요인을 MECE하게 구분할 수 있는 범주를 제안해줘.

이미 알고 있는 범주와 MECE를 섞어서 요청할 수도 있습니다.

반도체 메모리 실적이 오르는 다양한 요인을 외부 요인과 내부 요인으로 크게 나누고 그 안에서 MECE하게 범주를 나눠 각각 3개씩 줘.

MECE 원칙을 잘 활용하면 복잡한 문제를 체계적으로 분석하고 명확한 답변을 얻는 데 큰 도움이 됩니다. 특히 범주를 미리 알 수 없을 때는 LLM을 이용해서 최대한 많은 범주와 관점을 찾을 수 있습니다.

그런데 MECE 원칙을 적용할 때 너무 엄격하게 범주를 나누기보다는 상황에 맞게 유연하게 적용하는 것도 필요합니다. 모든 상황이 완벽하게 MECE하게 나뉘지 않을 수 있으니 적절한 타협도 고려하면서 접근하는 것이 좋습니다.

흔히 범주를 나눌 때 마지막에 '기타'나 '기타 등등'이라는 범주를 추가하는 것도 다 그런 이유 때문입니다. LLM도 완벽한 범주를 못 줄 때가 있습니다. 실제 비즈니스 현장에서는 완벽한 MECE 자체가 존재할 수 없는 경우도 많습니다. 다만 무엇을 기획하고 분석하고 보고할 때 항상 MECE 원칙을 염두에 두면 중복이나 누락을 최소화할 수 있습니다.

19

문제의
근본 원인을 찾아내기

여러분이 집에서 재택근무를 하고 있는데, 갑자기 방 천장에 있는 형광등이 깜빡입니다. 그래서 전원 스위치도 껐다 켜고, 접촉 불량인가 싶어 형광등을 살짝 건드려 보기도 했습니다. 이렇게 형광등이 깜빡이는 여러 요인을 탐색한 결과, 형광등 자체가 요인이란 것을 확인했습니다. 형광등 사용연한이 지나고 오래되어서 고장이 난 겁니다. 자, 그러면 이 형광등을 교체하면 될까요?

물론 형광등을 교체하면 당장의 깜빡임 현상은 사라집니다. 하지만 형광등 노후가 근본 원인일까요? 아니면 형광등이 이렇게 오래되게 그냥 둔 사람이 근본 원인일까요?

원인은 현상이나 결과를 직접적으로 발생시키는 근본이 되는 일이나 사건을 말합니다. 영어로는 cause라고 합니다. 원인과 결과를 영어로 cause and effect라고 합니다. 둘 다 단수로 씁니다. 직접적 원인은 한 가지이기 때문입니다. 예를 들어, 비만의 직접적 원인은 과도한 지방 축적입니다. 하지만 이건 표면적 원인입니다. 근본적으로는 잘못된 식습관이 원인일 수 있습니다. 즉, 잘못된 식습관으로 지방이 많이 든 음식만 섭취했고 그 지방이 몸에 그대로 축적되어 비만이 되었다고 볼 수 있습니다. 이때 잘못된 식습관을 근본적 원인, 또는 근본 원인이라고 할 수 있습니다.

원인에 대해 명확하게 설명하기 위해 조금 무거운 예를 들려고 합니다. 바로 사망진단서에 사인을 쓰는 법입니다. 사망진단서의 사인은 가장 과학적이고 논리적이어야 합니다. 그래서 직접 원인과 근본 원인, 표면적 원인과 근본 원인을 순차적으로 적게 되어 있습니다. 사망진단서를 보면 사망의 원인은 (가) 직접 사인을 먼저 적게 되어 있고 그다음에는 (가)의 원인, (나)의 원인, (다)의 원인 등 인과관계가 명확한 것만 적도록 하고 있습니다.

여기서 직접 사인은 직접적 원인이자 표면적 원인입니다. (나), (다), (라)는 직접 사인을 일으킨 근본 원인입니다. 만약 (나)까지만 썼다면 (나)가 근본 원인입니다. 만약 (라)까지 썼다면 (라)가 근본 원인이 됩니다.

⑪ 사망의 원인	(가)	직접 사인			
※ (나) (다) (라)에는 (가)와 직접 의학적 인과관계가 명확한 것 만을 적습니다.	(나)	(가)의 원인			
	(다)	(나)의 원인			
	(라)	(다)의 원인			
	(가)부터 (라)까지와 관계없는 그 밖의 신체상황				
	수술의사의 주요소견				
	해부의사의 주요소견				
⑫ 사망의 종류	[ ] 병사		[ ] 외인사		[ ] 기타 및 불상

여기서 직접 사인과 직접 사인을 일으킨 원인을 제대로 적어야 합니다. 예를 들어 환자가 교통사고를 당해서 사망했다고 해보겠습니다. 그러면 교통사고가 직접 사인이 될 수 있을까요?

환자가 교통사고 때문에 사망한 것은 맞지만, 교통사고가 직접 사인이 될 수는 없습니다. 교통사고로 머리를 다쳤다면 머리를 다친 것이 직접 사인이 될 수는 있습니다. 그렇다면 교통사고는 두부 손상의 원인이 될 겁니다. 그리고 교통사고와 두부 손상 사이에도 뭔가 인과관계가 있는 원인이 있을 수 있습니다.

그런데 이런 의학과 같은 전문적인 분야에서 전문적 지식을 가진 사람이라도 인과관계를 잘못 적는 경우가 많습니다. 예를 들어 교통사고로 뇌골절이 돼서 두부가 손상되었을 때 결과적으로 나타나는 현상인 심폐 부전을 직접적 원인으로 잘못 쓰기도 합니다.

심폐 부전, 부정맥, 호흡 부전 같은 것은 현상입니다. 직접 사인이 아닙니다. 직접 사인은 두부 손상입니다. 두부 손상을 일으킨 원인으로는 뇌출혈 등이 있고, 뇌출혈을 일으킨 원인으로 교통사고가 있을 수 있는 것입니다.

이런 식으로 인과관계를 찾을 때는 LLM의 도움을 받으면 됩니다. 이때 단순히 원인을 알려 달라고 할 것이 아니라 직접 원인과 인과관계를 가진 원인을 순서대로 알려 달라고 해야 합니다.

나는 의사다. 환자 1명이 교통사고가 나서 머리를 다쳐 사망했다. 사망 진단서에 직접 원인과, 인과관계를 가진 원인을 1개 이상 적어야 한다. 가능한 원인을 순서대로 알려줘.

이때 직접 원인과 근본 원인 사이에 인관관계가 있는 원인을 중간 원인이라고 볼 수 있습니다. 그렇다면 직접 원인 - 중간 원인 - 근본 원인으로 이어진 원인 분석을 할 수 있고, 이 개념을 활용하면 LLM에게 좀더 정확한 원인을 찾는 질문을 할 수 있습니다. 예를 들어 여러분이 영업 사원인데 수주 확률이 점점 떨어지고 있다고 해보겠습니다. 그러면 다음과 같이 질문하면 됩니다.

영업 사원의 수주 확률이 점점 떨어지고 있다. 원인을 분석하고 싶다. 직접 원인, 중간 원인, 근본 원인으로 분석해줘.

만약 여러분이 반도체 설비를 담당하고 있는데 수율이 점점 떨어지고 있다고 해보겠습니다.

반도체 에칭 설비의 수율이 점점 떨어지고 있다. 원인을 분석하고 싶다. 직접 원인, 중간 원인, 근본 원인으로 분석해줘.

만약 여러분이 홈페이지 운영을 담당하고 있는데 접속이 잘 안 된다고 합니다. 그러면 다음과 같이 물어보면 됩니다.

 홈페이지 접속 성공률이 점점 떨어지고 있다. 원인을 분석하고 싶다. 직접 원인, 중간 원인, 근본 원인으로 분석해줘.

근본 원인을 분석하는 일은 매우 중요합니다. 하지만 많은 조직에서는 근본 원인보다 직접 원인이나 표면적 원인만 찾아서 문제를 해결하려고 합니다. 그렇게 해서는 문제를 근본적으로 해결할 수 없습니다. 근본 원인을 끝까지 분석해서 찾아야만 문제를 제대로 해결할 수 있습니다. 우리는 무엇이 직접 원인이고 무엇이 근본 원인인지 헷갈릴 때가 많습니다. 이때는 직접 원인, 중간 원인, 근본 원인을 논리적으로 나눠서 찾아보는 것이 좋으며, LLM을 이용하면 빠르고 쉽게 원인을 논리적으로 파악할 수 있습니다.

20

'왜?'를 다섯 번 물어
(5 Whys 기법) 문제의 뿌리 찾기

근본 원인을 찾는 방법 중에 가장 유명한 것이 5 Whys입니다. 다섯 번 '왜?'라고 질문하면서 근본 원인을 찾는 방법이죠. LLM에게 문제를 던져주고 5 Whys를 해달라고 하면 잘 대답해줍니다. 하지만 LLM이 임의로 생각한 대답이므로 실제로 쓰기는 어렵습니다. 이럴 때 대화형으로 같이 대화하면서 5 Whys를 하는 방법이 있습니다. 우선 5 Whys가 무엇인지부터 자세히 알아보겠습니다.

5 Whys 기법은 일본의 자동차 제조사 도요타(Toyota)에서 개발되었습니다. 이 기법은 유명한 도요타 생산 시스템의 일환으로 도요타의 창업자에 의해 도입되었습니다. 5 Whys는 도요타의 품질 관리 철학에서 중요한 역할을 했고, 카이젠(Kaizen)이라 불리는 지속적 개선의 핵심 도구로 자리잡게 되었습니다.

도요타는 이 기법은 문제 해결을 단순히 문제의 증상을 해결하는 데 그치지 않고, 근본 원인을 제거하여 유사한 문제가 다시 발생하지 않도록 했습니다. 문제에 대해 '왜?'라는 질문을 다섯 번 반복하여 문제의 근본 원인을 파악하는 겁니다. 다섯 번이라는 숫자는 필수적이거나 고정적인 것은 아니지만, 대부분의 문제는 다섯 번 질문해서 근본 원인에 도달할 수 있다는 경험적 통찰에서 비롯했습니다.

사용 방법은 간단합니다. 먼저 문제를 명확히 정의한 다음 '왜'라는 질문을 하고 답을 구합니다. 그 답에 대해 다시 '왜'라고 묻습니다. 이를 반복해서 문제의 근본 원인에 도달할 때까지 계속하는 겁니다.

5 Whys는 복잡한 도구나 기법이 필요 없어서 누구나 쉽게 적용할 수 있습니다. 문제의 근본 원인을 체계적으로 파악하는 데도 효과적입니다. 물론 단점이나 주의점도 있습니다. 처음부터 문제를 명확히 정의하지 않으면 잘못된 근본 원인이 나오기도 합니다. 또 '왜'라고 질문할 때 편견을 갖고 물으면 안 됩니다. 복잡한 문제의 경우에는 다른 분석 기법과 병행해서 사용해야 합니다.

아무튼 이렇게 쉬운 기법인 5 Whys를 사용하면 누구나 근본 원인을 찾을 수 있습니다. 이 5 Whys를 LLM에게 해달라고도 할 수 있습니다. 이때 LLM은 스스로 편견을 최소화한 질문을 하고, 가장 현실에서 많이 일어날 법한 것을 대답하기 때문에 상식적인 측면에서는 LLM이 5 Whys를 더 잘할 수 있습니다.

예를 들어 홈페이지 접속 장애가 발생하고 있고, 근본 원인을 5 Whys로 찾아달라고 하면 나름대로 5 Whys 작업을 해줍니다.

 홈페이지 접속 장애가 발생하고 있다. 근본 원인을 5 WHYS로 찾아줘.

그런데 문제가 있습니다. 이런 식의 원인 찾기는 예시 중 하나이므로 실제로 쓸 수가 없습니다. 이때는 관점을 분명히 지정해 주면 좋습니다. 예를 들어 사용자 폭증이 직접 원인이라면 사용자 폭증을 언급합니다.

홈페이지 접속 장애가 발생하고 있다. 사용자 폭증이 원인인 것 같다. 근본 원인을 5 WHYS로 찾아줘.

이렇게 특정 원인을 언급하면 그에 맞춰서 5 Whys를 해줍니다. 소프트웨어나 프로그램 문제인 것 같다면 그것 역시 언급하면 됩니다.

홈페이지 접속 장애가 발생하고 있다. 소프트웨어나 프로그램 문제 같다. 근본 원인을 5 WHYS로 찾아줘.

LLM이 가장 적절해 보이는 근본 원인을 찾는 5 Whys를 해주고는 있지만, 여러분의 상황이나 환경에 딱 맞게 해줄 수는 없을 겁니다. 그래서 한 번 5 Whys를 해달라고 하고 끝내기보다는 LLM과 대화하면서 같이 근본 원인을 찾아야 5 Whys를 쓰는 의미가 있습니다. 이럴 때는 LLM에게 대화하면서 분석하자고 하면 됩니다.

홈페이지 접속 장애가 발생하고 있다. 원인을 5 WHYS로 분석하고 싶다. 네가 먼저 "왜?"라고 질문하면 내가 대답하고, 네가 다시 "왜?"라고 질문하는 식으로 같이 분석해보자. 어때?

근본 원인을 찾는 5 Whys는 원래 사람이 스스로에게 다섯 번 질문하는 방법입니다. 그런데 실제로 자기에게 다섯 번 연속해서 '왜?', '왜?', …라고 질문하기란 쉽지 않습니다. 이때 LLM에게 질문해 달라고 요청하고 사람은 대답하는 방식을 활용하면 보다 쉽게 5 Whys로 근본 원인을 찾을 수 있습니다. 여러분도 LLM과 함께 5 Whys로 근본 원인을 찾아보면 어떨까요?

4

보통 직장인의 분석력을 높이는 프롬프트

21 _ 프레임워크로 조사, 분석하기
22 _ 강점/약점/기회/위협(SWOT) 분석으로 기업 이해하기
23 _ 사회/경제/기술 등 외부환경(PESTLE) 분석하기
24 _ 산업 내 경쟁구도(5 Forces) 분석하기
25 _ 엑셀 데이터 통계 분석하기
26 _ 데이터 분류하고 인사이트 얻기
27 _ 비정형 데이터 분석하기
28 _ 차트에서 인사이트 얻기
29 _ WBS로 업무 분해하고 관리하기

21

프레임워크로 조사, 분석하기

여러분, 혹시 이런 말 들어보셨나요? "상대방의 프레임에 걸려들었다", "프레임에 빠져서 출구를 못 찾고 있다".

여기서 프레임(frame)은 틀이나 뼈대를 의미하는데, 창문 프레임처럼 특정 시각이나 관점을 주입할 때 많이 씁니다. 이렇게 얘기하면 다소 부정적으로 보이기도 합니다.

하지만 비즈니스 조직에서는 모두가 같은 그림을 보고 같은 생각의 틀을 가져야 합니다. 그래야 서로 빨리 소통할 수 있고 같은 방향으로 나아갈 수 있습니다. 그래서 비즈니스에서는 프레임으로 일한다는 뜻으로 프레임워크 (framework)라는 말을 많이 씁니다.

비즈니스에서는 그냥 일을 처리하거나 그냥 자료를 나열하거나 그냥 생각을 하는 것이 아니라, SWOT, 3C, BSC, OKR, BCG 매트릭스, ROE 분석 같은 프레임워크를 이용해서 일이든 자료든 생각이든 체계적이고 구조적으로 처리할 수 있다는 겁니다.

문제는 이런 프레임워크를 우리가 다 알고 이해하고 사용하기가 쉽지 않다는 겁니다. 그런데 이제 상황이 달라졌습니다. LLM을 사용하면 누구나 쉽고 빠르게 프레임워크를 사용할 수 있습니다.

예를 들어 어느 날 여러분이 시장 조사 업무를 맡아서 한 기업을 조사하고 분석해서 보고해야 한다고 해보겠습니다. 그러면 이 기업과 관련한 자료를 검색하고 찾을 겁니다. 이때 그 기업의 연혁이 어떻게 되는지, 무슨 사업을 하는지, 돈은 얼마나 버는지, 주주는 어떻게 구성되어 있는지, 경쟁력은 무엇인지, 시장에서 어떤 역할을 하는지 등 찾아야 할 자료는 넘치고 넘쳐서 며칠, 몇 주, 몇 개월을 해도 다 못 찾을 겁니다.

어찌어찌해서 자료를 다 찾았다고 해도 그 많은 자료를 다 읽기도 어렵고 정리하는 것도 불가능합니다. 어찌어찌 다 읽고 정리했다고 하더라도 분석하고 보고서 쓰려면 막막합니다.

이렇게 되는 이유는 틀이 없기 때문입니다. 한 기업에 대해 어떤 관점에서 어떤 시각으로 어떤 방법으로 조사하고 분석하고 보고할지에 대한 전체적인 틀이 없기 때문입니다.

그래서 프레임워크를 사용하는 것입니다. 예를 들어 SWOT이란 프레임워크를 사용하면 강점, 약점, 기회, 위협이라는 관점으로 그 기업의 현재 경영 상황을 파악할 수 있습니다. ROE 분석을 하면 그 기업이 얼마나 주주의 자본을 효율적으로 사용하여 이익을 창출하는지 측정하고 산업계에서 어떤 위치인지 분석할 수 있습니다. 비즈니스 모델 캔버스를 사용하면 그 기업의 비즈니스 모델을 이해할 수 있습니다.

프레임워크가 있기 때문에 우리는 자료나 정보를 빠르게 취합할 수 있습니다. 프레임워크를 통해 통찰을 얻고 시사점을 찾을 수 있습니다. 프레임워크 덕에 상사나 고객과 같은 관점과 시각에서 대화할 수도 있습니다.

하지만 이런 프레임워크를 모두 제대로 알고 사용하기는 어렵습니다. 경영 컨설턴트조차도 몇 개 프레임워크만 제대로 쓰는 정도입니다. 보통 직장인이라면 한두 프레임워크 정도만 간단히 쓰곤 합니다.

그런데 이제 달라졌습니다. LLM을 이용하면 누구나 다양한 프레임워크를 쉽고 빠르게 사용할 수 있습니다. LLM이 무슨 프레임워크가 있는지, 어떻게 사용하는지 다 알려줍니다. 필요하다면 특정 기업을 프레임워크로 직접 분석도 해줍니다. 지금 바로 해보겠습니다.

예를 들어 엔비디아의 경영 환경을 분석한다고 해보겠습니다. 그러면 LLM에게 단순히 "엔비디아를 분석해줘"라고 말하면 됩니다.

 엔비디아를 분석해줘

이때 LLM은 엔비디아의 연혁이나 개요를 얘기하거나 여러 관점에서 다방면으로 얘기해 줍니다. 이렇게 하면 분석 대상이 너무 광범위해집니다. 따라서 먼저 특정 영역을 얘기하는 것이 좋습니다. 예를 들어 엔비디아의 경영 환경이나, 재무, 경쟁, 사업모델, 전략 같은 것입니다. 하나씩 해보겠습니다.

 엔비디아의 경영환경을 분석해줘.

 엔비디아의 재무 상황을 조사해줘.

 엔비디아의 마케팅 전략을 보고해줘.

이렇게 특정 관점을 얘기하면 어떤 경우에는 프레임워크를 쓰고 어떤 경우에는 프레임워크를 쓰지 않고 스스로 범주를 정해서 대답하는 것을 볼 수 있습니다.

이때 우리가 먼저 프레임워크를 얘기하는 것보다는 특정 영역을 얘기한 다음 해당 영역을 분석하는 프레임워크를 추천해달라고 하는 것이 좋습니다. 이렇게 요청하면 됩니다.

엔비디아의 마케팅 전략을 보고하는 프레임워크를 추천해줘.

엔비디아의 재무 상황을 조사하는 프레임워크를 추천해줘.

엔비디아의 경영환경을 분석하는 프레임워크를 추천해줘.

이 중에서 적절한 프레임워크를 선정해서 해당 프레임워크로 분석을 이어가면 됩니다. 예를 들어 SWOT 분석을 보겠습니다. 바로 이어서 SWOT 분석을 해달라고 하겠습니다.

SWOT 분석을 해줘.

그런데 여기서 분석을 멈추면 안 됩니다. 지금까지 한 것은 엔비디아의 강점, 약점, 기회, 위협을 정리한 것입니다. 이제 여기서 두 가지 이상의 요소를 섞어서 엔비디아의 예상 전략을 도출해야 합니다. 이어서 이렇게 요청하면 됩니다.

2개 이상의 프레임워크를 섞어서 엔비디아의 예상 전략을 도출해줘.

또는 다음과 같은 식으로 두 개 이상의 기업을 같은 프레임워크로 비교하는 것도 좋습니다.

 엔비디아와 TSMC를 SWOT으로 비교해서 표로 보여줘.

프레임워크는 생각의 틀입니다. 틀 없이 생각하면 혼돈만 가득합니다. 그렇다고 해서 프레임워크가 완벽하고 만능이라는 말은 아닙니다. 프레임워크를 사용하면 뭔가 그럴 듯하고 멋진 결과가 나오는 것 같지만 실제로는 일반론적인 내용만 쓰거나 누구나 다 알 법한 말로 치장하기도 합니다.

그럼에도 불구하고 생각의 틀을 가지는 것은 한정된 비즈니스 자원에서 최선의 선택입니다. 그런데 마침 LLM이 이런 프레임워크를 매우 잘 알고 잘 사용할 수 있도록 우리를 돕습니다. 그러니 프레임워크를 잘 모른다면 바로 LLM에게 질문해 보고, 이미 알고 있다면 다른 프레임워크는 뭐가 있는지 물어보십시오. 또 LLM이 만들어 주는 프레임워크 결과에서 우리만의 환경, 상황, 관점을 추가해서 우리만의 프레임워크를 만들 수 있는지도 고민해 보기 바랍니다.

22

강점/약점/기회/위협(SWOT) 분석으로 기업 이해하기

여러분, SWOT 분석 아세요? 신사업을 기획하든, 경쟁사를 분석하든, 자사 현황을 분석하든, 경영에서 가장 많이 사용되는 프레임워크가 SWOT입니다. 강점, 약점, 기회, 위협을 하나씩 짚어가면서 전략을 수립하는 프레임워크입니다.

사실 SWOT 분석은 매우 어려운 작업입니다. 강점을 찾는 것도 어렵고 약점을 들추는 것은 더더욱 힘든 일입니다. 기회와 위협이라는 것도 사실은 불명확하거나 가정인 경우가 많습니다.

그런데 많은 직장인이 이 SWOT 분석을 직접 합니다. 심지어 신입사원 교육에서도 SWOT 분석을 알려줍니다. 그러다 보니 SWOT 분석을 제대로 하지 못하고 흉내만 내거나 엉뚱한 분석을 해서 잘못된 전략을 수립하기도 합니다.

이런 경영 프레임워크는 처음부터 제대로 해야 합니다. LLM이 이런 작업을 잘 도와줍니다. SWOT 같은 프레임워크를 어떻게 다루는지, 무엇을 조심해야 하는지, 어떻게 결론을 내려야 하는지 다 알려줍니다. 지금 바로 자세히 알아보겠습니다.

SWOT 분석은 1960년대에 스탠퍼드연구소에서 활동한 알버트 험프리(Albert S. Humphrey)가 만들었습니다. 대기업의 전략적인 목표 설정과 성과 관리를 위해서 기업 내부와 외부 환경에 대한 구조화된 진단 틀이 필요해서 만든 겁니다. 즉, 일단 SWOT 분석 자체는 대기업의 경영 전략 수립이 목적입니다. 간혹 신제품 개발이나 부서 전략 수립에 사용하는 경우가 있는데, 이건 잘못된 사용입니다. 왜냐하면 SWOT 자체가 외부 트렌드 변화와 기업 내부의 상황을 조합하여 전략을 짜는 것이기 때문입니다.

SWOT의 S는 Strength, 강점이고, W는 Weakness, 약점입니다. 기업 내부의 강점과 약점을 분석하는 겁니다. 그리고 외부 환경에서 비롯하는 O는 Opportunity, 기회이고, T는 Threat, 위협입니다. 이렇게 기업 내부와 외부를 모두 포함해서 전략을 수립하는 겁니다. 그래서 SWOT 분석을 하고 나면 내부 강점으로 외부 기회를 극대화하는 SO 전략, 내부 강점으로 외부 위협을 최소화하는 ST 전략, 내부 약점을 오히려 외부 기회로 삼는 WO 전략, 내부 약점이 외부 위협에 덜 영향을 받게 하는 WT 전략이 나오게 됩니다. 여기서 나아가 다양한 전략의 우선순위도 정해야 합니다.

이렇듯 SWOT 분석의 핵심은 장기적인 외부 환경 변화에 기업 내부가 적극적이고 체계적으로 반응하는 것입니다. 1950~60년대에 미국 기업이 전후 경제 호황을 누림에도 불구하고 단기 성과에 급급해서 장기 계획을 수립하지 못해 실패하는 경우가 많았습니다. 단순히 '올해 열심히 하자'가 아니라 세상의 변화를 주시하면서 3년, 5년 단위의 장기적인 계획이 필요하고, 그에 맞춰 전략이 나와야 한다는 생각입니다.

따라서 SWOT 분석을 할 때는 지금 당장의 강점, 약점, 기회, 위협이 아니라 과거 3~5년, 앞으로 3~5년 정도의 시계열 관점을 가지고 분석해야 합니다.

또한 강점, 약점, 기회, 위협이라는 용어가 의미하는 것이 무엇인지 정확히 이해하고 써야 합니다. 예를 들어 강점을 써야 하는데 장점을 쓰는 경우가 있습니다. 내가 하는 것 중에서 잘 하는 것이 장점입니다. 다른 사람보다 우위에 있는 것이 강점입니다. 신입사원 교육을 하다 보면 강점을 쓰라고 하면 장점을 쓰는 경우가 참 많습니다. 이때 LLM의 도움을 받으면 좋습니다. 지금 바로 LLM으로 같이 SWOT 분석을 해보겠습니다.

SWOT은 기업을 분석하는 것입니다. 그런데 기업의 사업이 너무 다양하면 분석이 쉽지 않습니다. 따라서 어느 정도 사업 범위를 제한해서 해보겠습니다. 예를 들어 삼성전자 전체의 SWOT 분석이 아니라 TV 부문만 SWOT 분석해 보겠습니다. 여기서는 추론 능력이 뛰어난 o1 버전을 사용하겠습니다. 일단 LLM에게 바로 SWOT 분석을 해달라고 해보겠습니다.

 삼성전자 TV 부문의 SWOT 분석을 해줘.

보다시피 체계적으로 SWOT 분석 초안을 잘 만들어줍니다. 그런데 이 분석이 적절한지 검토해야 합니다. 이때 각 요소별로 유의점을 알려달라고 해보면 좋습니다. 예를 들어 강점을 작성할 때 주의할 점을 물어보는 겁니다.

 강점을 작성할 때 주의할 점은?

제가 강의를 해보면 학습자들이 근거 없이 강점을 작성하는 경우가 많습니다. 그냥 생각나는 대로 쓰는 겁니다. 이렇게 하면 제대로 분석을 할 수 없습니다. 그럴 때는 근거를 명확히 대도록 하는 것이 좋습니다.

 위 주의점을 토대로 강점을 다시 작성해줘.

이런 식으로 나머지 약점, 기회, 위협도 작성합니다.

약점, 기회, 위협도 다시 작성해줘.

이제 강점과 약점이라는 내부 분석과 기회와 위협이라는 외부 분석을 조합해서 전략을 수립해 달라고 합니다.

 SO 전략, ST 전략, WO 전략, WT 전략을 수립해줘.

전략은 항상 여러 가지가 나올 수 있으므로 적절히 판단해서 불필요한 전략을 삭제합니다. 여기서 중요한 것은 전략의 우선순위입니다. 이때 우선순위도 정해달라고 하면 됩니다.

 전략의 우선순위를 정하고 싶다.

이제 각 전략을 실행하는 구체적인 실행 계획을 달라고 할 수도 있고, 성과 지표나 리스크 관리 계획을 달라고 할 수도 있습니다. 예를 들어 성과 지표를 달라고 해보겠습니다.

 각 전략별 성과 지표를 만들어줘.

SWOT 분석을 제대로 하려면 여러 명이 며칠 걸릴 일입니다. 하지만 LLM을 활용하면 1시간 안에 높은 수준의 SWOT 분석을 할 수 있습니다. 물론 기업 내부의 여러 상황을 모두 반영할 수는 없으므로 LLM이 만든 SWOT 분석은 초안으로 생각하고 적절히 수정 및 보완해야 합니다. 그럼에도 불구하고 빠른 속도로 SWOT 분석 초안을 만들 수 있으니 LLM을 꼭 활용해 보기 바랍니다.

113

23
사회/경제/기술 등 외부환경(PESTLE) 분석하기

여러분, SWOT 분석할 때 강점과 약점은 내부 관점에서 보는 것이고, 기회와 위협은 외부 관점에서 보는 것 아시죠? 이때 외부 관점에서 기회와 위협을 볼 때는 당장의 현상이 아니라 중장기적인 트렌드를 봐야 합니다. 트렌드에서 기회와 위협을 식별해야 합니다.

여기서 트렌드를 어떻게 볼 거냐 하는 문제가 생깁니다. ChatGPT 같은 AI가 트렌드를 잘 알려준다고 해도 트렌드를 어떤 관점에서 봐야 하는지는 사람이 결정해야 합니다. 특히 트렌드에서 누락이나 중복이 없어야 하고, 우리가 알고자 하는 비즈니스 기회와 위협을 제대로 파악하기 위해서는 적절한 방법론이나 프레임워크가 필요합니다.

이때 가장 많이 사용되는 패슬(PESTLE) 프레임워크를 사용하면 좋습니다. PESTLE은 정치(Political), 경제(Economic), 사회(Social), 기술(Technological), 법률(Legal), 환경(Environmental) 요인을 체계적으로 검토해서 기회와 위협을 파악하는 방법입니다.

트렌드를 파악하는 PESTLE 분석은 외부 환경의 기회(Opportunity)와 위협(Threat)을 식별하는 프레임워크입니다. 그래서 새로운 시장 진입 전략이나 제품 개발을 위한 방향성을 제공하고 리스크 관리나 대응 전략을 수립할 수 있도록 도와줍니다.

특히 요즘같이 복잡한 비즈니스 환경을 정치(Political), 경제(Economic), 사회(Social), 기술(Technological), 법률(Legal), 환경(Environmental) 요인으로 체계적으로 분석할 수 있기 때문에 기업이 외부 요인을 이해하고 중장기적인 전략을 수립하거나 신제품 개발, 리스크 관리를 하는 데 큰 도움을 줍니다.

PESTLE 분석은 1960년대부터 전략적 경영과 마케팅 연구에서 사용되었습니다. 초기에는 STEP 분석이라고 해서 Social, Technological, Economic, Political 등 4개 관점으로 트렌드를 보았습니다. 그러다 1980년대에 PEST로 이름이 바뀌었고, 1990년대 이후에 법적 환경적 요인이 기업 전략에 큰 영향을 끼치면서 Legal과 Environmental이 추가되어 지금의 PESTLE 분석으로 발전했습니다.

정치적 요인(Political)은 정부 정책, 규제, 정치적 안정성, 무역 규제, 세금 정책 등을 분석하며, 특정 산업에 대한 정부 보조금이나 정치적 불안정이 비즈니스에 미치는 영향을 예로 들 수 있습니다.

경제적 요인(Economic)은 경제 성장률, 환율, 이자율, 실업률, 소비자 가처분 소득, 인플레이션 등을 다루며, 환율 변동으로 인한 수출입 비용 변화나 경기 침체로 인한 소비자 구매력 약화 등이 이에 해당합니다.

사회적 요인(Social)은 문화, 인구 통계, 라이프스타일 변화, 교육 수준, 소비자 행동 등을 검토하며, 고령화 사회로 인한 의료 산업 성장이나 특정 문화에서의 제품 선호도를 예로 들 수 있습니다.

기술적 요인(Technological)은 기술 혁신, 연구개발, 자동화, 디지털화, 기술 인프라 등을 분석하며, 새로운 기술의 등장으로 기존 제품의 대체 가능성이 높아지거나 기술 발전으로 생산성이 향상되는 사례를 포함합니다.

법률적 요인(Legal)은 고용법, 노동법, 소비자 보호법, 독점 금지법 등 법적 규제를 다루며, 새로운 환경 규제로 제조업이 변화하거나 데이터 보호법이 강화되는 상황을 예로 들 수 있습니다.

환경적 요인(Environmental)은 기후 변화, 지속 가능성, 환경 보호 정책, 천연자원 활용 등을 포함하며, 친환경 제품 수요 증가나 환경 오염 규제로 제조 과정이 변화하는 사례를 검토합니다.

이런 PESTLE 분석을 할 때는 먼저 각 요인에 대해 자료를 수집하고 정리해서 각 요인의 영향을 분석합니다. 그다음 각 요인이 기업에 줄 기회와 위협을 구체적으로 도출하고, 우선순위를 설정해서 전략을 수립합니다. 바로 한번 LLM과 대화해 보겠습니다.

예를 들어 여러분이 향후 가정용 로봇 산업에 진출할지 고민하고 있다고 해보겠습니다. 이 주제로 PESTLE 분석을 해보겠습니다.

 우리 회사는 가정용 로봇 산업에 진출하려고 한다. PESTLE 분석을 해줘.

이제 각 요인에서 기회와 위협을 도출합니다.

 각 요인별로 기업에 끼치는 기회와 위협을 도출해줘.

이제 우선순위를 정해달라고 합니다. 이때 순위를 매길 특정 기준이 있으면 알려주면 됩니다. 하지만 여기서는 LLM이 스스로 우선순위 기준을 만들도록 하겠습니다.

 기회와 위협별로 우선순위를 정해줘.

이제 중장기 전략을 수립해달라고 합니다.

 위 내용을 기반으로 우리 기업의 중장기 전략을 수립해줘.

기업이 어떤 것을 하고자 할 때는 내부 강점과 약점뿐 아니라 외부 기회와 위협을 제대로 파악해야 합니다. 이때 PESTLE 분석과 같은 프레임워크를 활용하면 중복이나 누락 없이 체계적으로 트렌드를 분석할 수 있습니다. 이 과정에서 LLM을 활용하면 아주 쉽고 빠르게 분석 초안을 만들 수 있으니 꼭 사용해 보기 바랍니다.

24
산업 내 경쟁구도(5 Forces) 분석하기

여러분, 이제 SWOT 분석이 무엇인지 잘 아시죠? 기업 내부의 강점과 약점을 분석하고, 기업 외부의 기회와 위협을 분석하는 프레임워크입니다. 여기서 기업 외부를 분석할 때 직접적인 기회나 위협이 되는 것을 찾으려면 경쟁을 분석해야 합니다. 이때 경쟁 분석을 제대로 하는 방법으로 5 Forces 분석이 있습니다.

5 Forces 분석은 미국의 저명한 경영학자 마이클 포터가 1979년 논문 "How Competitive Forces Shape Strategy"에서 처음 제안한 경영 전략 도구입니다.

신사업이든 신제품이든 신규 서비스든 비즈니스에서 무엇인가를 하려면 해당 산업의 구조적 특성을 이해해야 합니다. 왜냐하면 산업의 구조적 특성이 그 산업에 속한 기업의 수익성과 전략에 영향을 끼치기 때문입니다.

예를 들어 경쟁 강도가 매우 심한 산업은 수익성이 낮을 수밖에 없습니다. 반대로 경쟁 강도가 매우 약해서 거의 한 기업이 독점하는 산업이라면 수익성이 매우 높을 것입니다. 또한 대체제가 많거나 잠재적 진입자가 많다면 해당 산업은 불안한 구조를 가지게 됩니다. 아울러 가치 사슬에서 구매자나 공급자의 협상력이 높아지면 해당 산업은 이들의 전략에 종속될 수도 있습니다.

따라서 산업의 구조적 특성이 어떤지를 알아야 하는데, 이때 사용하기 좋은 것이 마이클 포터의 5 Forces 분석 프레임워크입니다. 5 Forces 분석은 특정 산업의 경쟁 강도를 이해하기 위해 다섯 가지 요인을 제시합니다. 산업 내 경쟁자 간의 경쟁 강도(Rivalry Among Existing Competitors), 잠재적 진입자의 위협(Threat of New Entrants), 대체재의 위협(Threat of Substitutes), 구매자의 협상력(Bargaining Power of Buyers), 공급자의 협상력(Bargaining Power of Suppliers)입니다.

이 다섯 가지 요인을 분석함으로써 이 산업이 얼마나 매력적인지, 산업 내에서 경쟁력을 강화하는 전략으로 무엇을 써야 하는지, 수익성을 높이기 위해 어떤 요인에 집중해야 하는지와 같은 질문에 대한 답을 찾을 수 있습니다. 이렇게 해서 시장 경쟁 환경을 명확히 이해하고 장기적인 경쟁 우위를 확보할 수 있습니다.

5 Forces 분석을 직접 할 때는 먼저 분석할 산업의 범위를 명확히 설정한 후, 산업 내 경쟁자 간의 경쟁 강도를 평가하고 잠재적 진입자의 위협, 대체재의 위협, 구매자와 공급자의 협상력을 분석합니다. 이런 분석 결과를 가지고 각 요인이 산업의 매력도와 수익성에 미치는 영향을 파악한 뒤, 경쟁 우위를 확보하기 위한 전략을 도출합니다.

이것을 직접 하기는 쉽지 않습니다. 하지만 LLM을 활용하면 누구나 기본 분석을 할 수 있습니다. 우선 산업의 범위를 명확히 설정해야 합니다. 예를 들어 스마트폰 산업을 분석해 보겠다고 하면 범위가 너무 큽니다. 이때 업종을 기준으로 산업의 범위를 정하는 것이 좋습니다. 스마트폰 제조업, 스마트폰 판매업, 스마트폰 앱 개발업 등이 있을 수 있습니다. 여기서는 스마트폰 앱 개발업으로 해보겠습니다.

스마트폰 앱 개발업을 5 FORCES로 분석해줘.

이제 각 요인이 산업의 매력도와 수익성에 미치는 영향을 분석해달라고 하겠습니다.

 각 요인이 산업의 매력도와 수익성에 미치는 영향을 분석해줘.

이때 LLM이 종합 분석과 전략을 제공해 주기도 하지만 우리의 상황을 주고 전략을 달라고 하는 것이 좋습니다.

 우리는 이 시장에 새로 진입하려고 한다. 위 영향을 바탕으로 전략을 수립해줘.

만약 이 시장에서 이미 입지를 가지고 있다면 경쟁 전략을 달라고 해도 좋습니다.

 우리는 이 시장에서 상위권 플레이어다. 경쟁 전략을 줘.

LLM으로 5 Forces 분석을 할 때 실제 데이터를 검색해서 그 내용을 기반으로 분석하는 것도 가능합니다. 예를 들어 스마트폰 판매 데이터를 웹에서 검색해서 5 Forces 분석을 해달라고 하는 겁니다.

최근 5년 미국 스마트폰 시장 판매량 데이터를 검색해서 5 FORCES로 분석해줘. 실제 데이터를 근거로 보여주면서 분석해줘.

물론 본인이 가지고 있는 시장 데이터를 업로드하고 분석해 달라고 하는 것도 좋은 방법입니다.

전문 경영 컨설턴트도 5 Forces 분석을 하기가 쉽지 않습니다. 시간도 많이 들고 수고도 꽤 드는 일입니다. 하지만 LLM을 이용하면 아주 쉽게 초안을 만들 수 있습니다. 일단 초안이 나오면 하나씩 검토하면서 가감하고 수정하고 보완할 수 있습니다. 지금 당장 LLM으로 경쟁 분석을 해보기 바랍니다.

25

엑셀 데이터 통계 분석하기

여러분, 혹시 엑셀로 통계 분석하시나요? 혹시 합계나 평균, 파워 쿼리나 피봇 테이블로 데이터를 정리만 하고 있지는 않나요? 물론 데이터가 한 그룹만 있을 때는 그럴 수도 있습니다. 하지만 비즈니스 현장에서는 항상 두 데이터 이상의 관계를 분석하는 경우가 많습니다. 예를 들어 할인율과 판매량의 관계, 지점 간 만족도 차이 같은 것입니다.

이런 통계 분석을 엑셀에서 클릭 몇 번으로 할 수 있습니다. 그런데 정작 이 기능을 사용하는 사람도 적고, 사용한다고 해도 분석 결과를 해석할 수 없어서 안 쓰는 분이 참 많습니다. 이렇듯 많은 사람이 데이터를 분석할 때 여러 가지 어려움을 겪습니다. 대략 3가지 허들을 넘어야 하는데, 첫째는 데이터를 분석할 때 어떤 통계 기법을 사용하면 되는지 알아야 합니다. 둘째는 데이터를 분석하는 툴이나 도구를 쓸 수 있어야 합니다. 셋째는 분석한 결과를 해석해야 합니다.

첫 번째부터 알아보겠습니다. 두 그룹의 데이터가 주어지면 어떤 통계 분석 기법을 써야 하는지 잘 모릅니다. 예를 들어 스마트폰의 판매를 확대하기 위해 할인 프로모션을 진행했다고 해보겠습니다. 이때 할인율과 판매량 사이에 관계가 있는지 알아야 합니다. 만약 관계가 있다면 할인율을 얼마로 했을 때 판매량이 얼마가 될지 예측해야 합니다. 그래야 판매량 목표에 맞춰 할인율을 잡을 수 있습니다. 그런데 이렇게 하려면 어떤 통계 기법을 사용해야 할까요?

많은 사람들이 이 허들을 넘기 위해 통계학을 배웁니다. 기본적으로 두 데이터를 분석할 때는 차이를 찾는 차이검정과 관계를 찾는 관계분석으로 나눌 수 있습니다. 상관관계, 인과관계, t-검정 등 통계 기법을 배우면 어떤 데이터를 보고 어떤 분석 기법을 사용하면 되는지 알 수 있습니다.

하지만 통계학을 배워도 현장에서 쓰기가 쉽지 않습니다. 두 번째 이유 때문입니다. 통계학을 배워도 직접 통계 분석을 하려면 관련 도구를 배워야 합니다. 논문을 쓰려면 SPSS나 R을 배워야 하고, 빅데이터 분석을 한다면 Python 같은 프로그래밍 툴을 배워야 합니다. 이런 툴을 배우는 게 결코 쉽지 않습니다. 배울 때는 예제를 보면서 따라하니까 되는 것 같습니다. 하지만 현장에 돌아가서 직접 코드도 짜고 툴의 다양한 기능도 써보면 한계를 느낍니다. 코드에서 오류도 계속 생기고 이렇게 하는 게 맞는지도 의심이 듭니다.

만약 이 허들을 넘었다고 해도 마지막 허들이 남습니다. 분석 결과로 나온 것을 제대로 해석하지 못하는 겁니다. 간단한 상관분석 결과로 나오는 상관계수조차도 제대로 해석하려면 알아야 할 것이 많습니다. 이게 보통 직장인에게는 아주 어려운 일입니다.

그런데 이제 이 3가지 허들을 넘도록 LLM이 도와줍니다. 여기서는 예시를 3개 정도 들어서 통계분석을 해보겠습니다.

첫 번째로 다룰 데이터는 스마트폰 제품 할인율과 판매량의 관계입니다. 여기에 최근 30일 간의 할인율과 그날의 판매량 데이터가 엑셀로 있습니다.

	A	B
1	할인율(%)	판매량(천개)
2	2	25
3	3	35
4	3	30
5	3	33
6	2	28
7	4	40
8	5	45
9	6	76

엑셀에서 어떤 통계 데이터 분석으로 분석하면 좋은지 LLM에게 데이터 샘플을 주고 물어보겠습니다.

 엑셀에 스마트폰 제품 할인율과 판매량 데이터가 있다. 두 데이터의 차이나 관계를 분석하려면 어떤 통계 기법을 사용해야 할까?

이 중에서 가장 추천하는 것은 맨 위에 있는 방법입니다. 맨 위에 있는 방법부터 먼저 쓰면 됩니다.

이제 엑셀에서 상관분석을 하는 방법을 물어보겠습니다.

 엑셀에서 상관분석을 하는 방법을 알려줘.

앞으로 계속 통계 분석을 하려면 데이터 분석 기능을 사용하는 것이 좋습니다. 데이터 분석 기능이 안 보인다면 엑셀 옵션에서 추가 기능, 이동, 분석 기능 체크, 확인 순으로 진행하면 데이터 탭 리본 메뉴 끝에 나타납니다.

이제 분석을 한 다음, 결과를 그대로 LLM에게 던져주면 됩니다. 그러면 LLM이 분석결과를 해석해 줍니다.

	할인율(%)	판매량(천개)
할인율(%)	1	
판매량(천개)	0.942139608	1

두 번째로 다룰 데이터는 전자제품을 판매하는 세 지점의 최근 한 달 고객만족도입니다.

	A	B	C
1	A지점	B지점	C지점
2	77.48	72.99	82.60
3	74.31	85.26	84.07
4	78.24	75.93	79.47
5	82.62	70.71	79.02
6	73.83	80.11	89.06
7	73.83	69.90	91.78

한 달 전 한 지점의 인테리어를 시범삼아 변경했는데, 그 이후 이 지점의 고객만족도가 다른 지점과 실제로 차이가 나는지 확인하고자 합니다. 바로 LLM에게 분석 방법을 물어보겠습니다.

세 지점이 있고 특별한 차이는 없다. 그런데 세 번째 지점에만 이번에 내부 인테리어를 변경했다. 세 지점의 차이를 통계적으로 분석하는 방법은?

엑셀에서 분산분석을 해서 결과를 다시 LLM에게 주겠습니다.

분산분석 결과(생략)

LLM이 사후 분석을 추천하면 좀더 정밀한 분석을 위해 사후 분석을 해볼 수 있습니다.

통계를 잘 모르는 보통 직장인은 데이터 분석에서 3가지 허들을 겪습니다. 데이터를 보고 어떤 통계 기법을 써야 하는지, 실제로 엑셀에서 어떻게 해야 하는지, 그리고 그 결과를 어떻게 해석해야 하는지 잘 모릅니다. 그런데 이제는 데이터 분석을 못한다는 말을 할 수가 없습니다. LLM을 이용하면 누구나 데이터 분석가가 되는 시대이기 때문입니다.

물론 ChatGPT 유료 버전을 사용하면 데이터 파일 자체를 던지고 분석해서 해석을 얻을 수 있습니다. 그런데 문제가 있습니다. 바로 보안입니다. 데이터 파일을 외부망에 올리는 건 매우 위험합니다. 내부망이라고 하더라도 수십 메가, 수백 메가 하는 원본 데이터를 분석하는 것은 LLM도 쉽지 않습니다.

이때는 엑셀이나 R, SAS나 파이썬 같은 분석 툴을 한두 가지 같이 쓰는 것이 좋습니다. LLM에게는 분석 방법과 결과 해석을 물어보고, 분석 자체는 자신의 PC에서 하는 것도 좋은 방법입니다.

26

데이터 분류하고
인사이트 얻기

여러분, 혹시 데이터를 분석하면 항상 똑같은 결과만 나오지 않았나요? 항상 똑같은 방식으로 데이터를 분류하고 보고하지 않았나요? 매번 똑같은 방안만 가져온다고 상사에게 핀잔을 듣진 않았나요?

열심히 데이터를 분석했는데 이렇게 되는 데에는 다 이유가 있습니다. 우리는 얼마든지 다른 기준에 따라 데이터를 분류할 수 있습니다. 하지만 평소에는 내가 아는 기준, 또는 회사가 정한 기준으로만 데이터를 분류합니다.

그렇게 하는 데는 이유가 있습니다. 우선은 새로운 기준을 찾기가 어렵고, 새로운 기준을 찾았다 해도 그 기준에 따라 데이터를 분류하기가 쉽지 않습니다. 또한 데이터를 새로운 기준으로 분류했더라도 거기서 인사이트를 얻기도 쉽지 않습니다. 그래서 우리는 늘 하던 대로 위에서 정한 대로 기준을 삼고 데이터를 똑같이 분류하고는 합니다.

그런데 이제 달라졌습니다. LLM이 데이터를 새롭게 분류해 줍니다. 거기서 새로운 인사이트를 찾도록 도와줍니다. 우리가 할 일은 그저 데이터를 주고 새롭게 분류해 달라고 하면 됩니다. 바로 알아보겠습니다.

우선 데이터 분석에서 구분과 분류의 차이를 알아야 합니다. 비슷한 말 같지만 완전히 다른 말입니다.

구분은 전체를 부분으로 나누는 것입니다. 예를 들어 지구는 오대양 육대주로 구분할 수 있습니다. 학교는 초등학교, 중학교, 고등학교, 대학교로 구분할 수 있습니다. 삼성전자 사업은 크게 DX부문과 DS부문으로 구분할 수 있습니다. 큰 범주를 작은 범주로 나누는 것이 구분입니다.

분류는 여러 가지 섞인 것을 일정한 기준으로 나누는 겁니다. 강당에 직원이 100명 모였습니다. 키가 170 이상인 사람과 이하인 사람으로 분류할 수 있습니다. 또는 20대, 30, 40, 50, 60대 이상 등 나이로 분류할 수도 있습니다. 자기가 속한 조직이 DX부문이냐 DS부문이냐에 따라 분류할 수도 있습니다.

일반적으로 조직은 구분을 먼저 합니다. 큰 조직을 작은 조직으로 먼저 구분합니다. 그렇게 해서 조직도가 나옵니다. 이렇게 일단 구분된 조직 체계에 따라 데이터를 분류합니다. 여러분이 영업을 하면 여러분 소속 부서로 영업 데이터가 분류됩니다. 메모리사업부 소속이면 메모리사업부 매출로, MX사업부 소속이면 MX사업부 매출로 분류됩니다.

따라서 데이터 분석에서 첫 번째로 할 일은 데이터 분류입니다. 공정 데이터든 매출 데이터든 구매 데이터든 인사 데이터든, 데이터를 분류하는 것이 첫 번째입니다.

그런데 혹시 이미 지정된 구분으로 데이터를 분류하고 있지 않나요? 예를 들어 매출 데이터를 이미 지정된 조직 구분으로 분류하고 있지 않나요? 비용 데이터를 이미 지정된 회계 기준으로 분류하고 있지 않나요? 직원 데이터를 이미 지정된 고과 기준으로 분류하고 있지 않나요?

그렇다면 늘 같은 방식으로 데이터를 분류했기 때문에 항상 똑 같은 결과만 나오게 됩니다. 예를 들어 신입사원이 수백 명 있을 때 이들을 단순히 소속 부서로 분류하거나 남녀로 분류했다면 평소와 다른 인사이트를 찾기는 어려울 겁니다.

그렇다면 LLM을 사용하면 다르게 분류할 수 있을까요? 네, 그렇습니다. 아주 빠른 속도로 완전히 다른 분류를 만들어낼 수 있고, 그렇게 하면서 새로운 인사이트를 찾을 수 있습니다.

예를 들어 가상의 신입사원 데이터가 있다고 해보겠습니다. 신입사원 300명의 사번, 나이, 경력, 지역, 서류점수, 면접점수가 기록되어 있습니다.

	A	B	C	D	E	F
1	사번	나이	경력(단위: 년)	지역	서류점수	면접점수
2	230701	27	0	2	69	37
3	230702	22	2	2	87	72
4	230703	25	0	5	58	54
5	230704	25	2	1	94	71
6	230705	29	0	3	12	10
7	230706	25	2	4	79	16
8	230707	27	1	5	83	19
9	230708	24	2	2	90	30

이 데이터를 올리고 단순히 분류만 해달라고 해보겠습니다.

신입사원을 분류해줘.
[신입사원명단.xlsx]

이때 좀더 나은 인사이트를 얻으려면 유형의 개수를 알려주고 유형의 이름을 정해달라고 하면 됩니다. 이번에는 4가지 유형으로 분류해달라고 해보겠습니다.

신입사원을 4가지 유형으로 분류하고 유형별로 이름을 정해줘.

유형의 개수를 바꾸면 다른 인사이트를 얻을 수 있습니다.

 신입사원을 6가지 유형으로 분류하고 유형별로 이름을 정해줘.

유형의 개수를 늘리는 것도 방법이지만, 일정한 기준으로 매트릭스를 만들어달라고 하는 것도 좋습니다.

 신입사원을 2by2 매트릭스로 분류하고 각 분면의 이름을 정해줘.

 신입사원을 3by2 매트릭스로 분류하고 각 분면의 이름을 정해줘.

 신입사원을 3by3 매트릭스로 분류하고 각 분면의 이름을 정해줘.

일반적으로 매트릭스는 X, Y의 두 축으로 이루어진 평면으로 만들지만, Z를 추가해서 입체 매트릭스를 만들 수도 있습니다. 즉, 기준을 2개가 아니라 3개로 할 수 있습니다. 이때는 2by2by2 매트릭스로 분류해 달라고 하면 됩니다.

 신입사원을 2by2by2 매트릭스로 분류하고 각 분면의 이름을 정해줘.

이제 유형별로 분류했으면 유형에 맞게 맞춤형 전략이나 과제를 만들 수 있습니다. 예를 들어 신입사원을 2by2 매트릭스로 분류했다면 각 분면별로 맞춤형 교육 전략 같은 것을 짤 수 있습니다.

신입사원을 2by2 매트릭스로 분류하고 각 분면의 이름을 정한 다음, 분면별 맞춤형 교육 전략을 수립해줘.

데이터를 분류할 때는 기준이 있어야 하고, 기준은 여러 가지가 될 수 있습니다. 또한 복합적인 기준을 만들어서 데이터를 분류해야 할 때도 있습니다. 이런 작업을 사람이 일일이 하기는 매우 어렵습니다.

물론 다양한 통계적 기법이나 자동화 도구를 사용할 수도 있지만 분류 기준을 정하고 유형별 이름을 짓고 전략을 도출하는 일은 사람이 일일이 다 하기 어렵습니다. 그래서 이미 정해진 구분에 따라 분류하거나 늘 하던 대로만 분류합니다.

이제는 LLM에 데이터를 올려서 분류해 달라고 하면 순식간에 해냅니다. 앞으로 LLM을 이용해서 다양하게 분류하고 색다른 인사이트를 얻어 보기 바랍니다.

27

비정형 데이터 분석하기

여러분, 혹시 비정형 데이터라고 들어보셨나요? 형태가 정해져 있지 않다고 해서 비정형 데이터라고 합니다. 원래 엑셀에 입력되는 숫자나 목록 같은 것은 형식이나 길이가 정해져 있어서 통계 분석이 가능합니다. 그런데 쇼핑몰 댓글 같은 건 형태가 정해져 있지 않은 글이어서 분석하기가 쉽지 않았습니다.

보통 이런 댓글이나 의견 같은 것을 분석할 때는 사람이 직접 읽고 판단해야 합니다. 그래서 분량이 많으면 사람이 엄두를 못 내고, 그래서 비정형 데이터를 잘 분석하지 않게 되었습니다.

하지만 이제 상황이 달라졌습니다. LLM을 이용하면 아무리 많은 댓글이라도 비정형 데이터 분석 기법으로 아주 빠른 시간 안에 분석할 수 있습니다. 어떤 댓글이 긍정적인지, 10점 척도로 몇 점인지, 어떤 키워드가 많이 나오는지, 전체적으로 어떤 상황인지 쉽고 빠르게 파악할 수 있습니다. 자세히 알아보겠습니다.

비정형 데이터를 분석하는 방법은 다양합니다. 그중에 자주 사용하는 방법 몇 가지를 알아보겠습니다.

첫째, 단어 빈도 분석이 있습니다. 특정 단어가 얼마나 자주 등장하는지 확인해서 사람들이 자주 언급하는 키워드를 파악할 수 있습니다. 흔히 워드 클라우드라고 해서 글자가 크고 가운데 있으면 많이 등장하는 단어로 알려져 있습니다.

둘째, 감성 분석이 있습니다. 어떤 댓글이 긍정적인 내용인지 부정적인 내용인지, 또는 10점 척도로 몇 점 정도 긍정인지 분석할 수 있습니다. 이렇게 하면 해당 제품에 대한 전체적인 반응을 통계적으로 확인할 수 있습니다.

셋째, 토픽 모델링이 있습니다. 댓글에 여러 내용이 있지만 특정 주제로 분류하는 겁니다. 제품의 배송에 관한 내용이 많은지, 제품 기능에 관한 내용이 많은지, 제품 디자인에 관한 내용이 많은지 등 주로 어떤 주제에 대해 댓글을 달았는지 분석할 수 있습니다.

물론 이외에도 분석 방법은 다양하고, 앞에서 얘기한 분석 방법을 혼용해서 추가 분석을 할 수도 있습니다. 예를 들어 긍정적인 댓글의 경우 어떤 주제를 다뤘는지, 부정적인 댓글은 어떤 주제를 다뤘는지 확인할 수 있습니다.

이것을 간단하게 LLM을 이용해서 할 수 있습니다. 이때 LLM에게 바로 비정형 데이터 분석을 요청할 수도 있고, 분석에 필요한 파이썬 코드를 짜서 직접 파이썬으로 분석할 수도 있습니다.

예를 들어 우리가 판매하는 노트북의 온라인 쇼핑몰 댓글을 보겠습니다. 댓글은 실제로는 수십 개에서 수만 개가 달릴 수 있습니다. 여기서는 샘플 수십 개가 있다고 해보겠습니다.

- 업무에 딱 좋은 크기며 용량이며 아주 좋습니다
- 마침 기획가 행사가 있어 원하는 모니터싸이즈17에 성능대비 가격도 괜찮으 하얀색을 구매하고자했으나 단일색상재고만있어 실버색으로 구매하고 모니터 외장보호필름을 같이 구매해 잘쓰고 있습니다.
- 역시 업무 노트북은 삼성인 것 같아요! 외관도 깔끔하고 화면 터치로 사용성도 높으니 참 좋네요!
- 제품이 썩 좋지는 않습니다. 이전 버전에 비해 무게도 무겁고 가격은 비싸고...
- 배송 빠르고 가볍고 좋아요. 다만 비쌉니다. 좀더 할인 프로모션을 해주면 좋겠네요.
- 성능 배송모두 만족합니다.
- 상품도 좋고 기사님도 친절하시고 모~두 마음에 들어요.
- 좋아요 깔끔하고 초기셋팅중.

이 댓글을 LLM에게 주고 분석을 해달라고 하면 됩니다. 먼저 단어 빈도 분석을 해보겠습니다. 그런데 이때 주의할 점이 있습니다. LLM이 사람처럼 추론해서 단어를 추출하고 빈도를 계산하는 방법이 있고, Python 코드를 짜서 알고리즘에 따라 단어를 추출하고 빈도를 계산하는 방법이 있습니다. 그런데 Python 코드를 짜서 알고리즘을 사용할 때는 한글을 처리하는 알고리즘을 적용하기가 어려워서 여기서는 코드를 짜지 않고 추론으로 빈도 분석을 해보겠습니다. ChatGPT를 사용한다면 맞춤 설정에서 코드 기능을 해제하면 됩니다.

 다음 댓글에 대해 단어 빈도 분석을 해줘.
[댓글]

이번에는 감성 분석을 해보겠습니다.

 감성 분석을 해줘.

각 댓글에 대해 감성 점수를 부여하는 것도 가능합니다.

 각 댓글에 대해 10점 척도로 감성 점수를 매겨줘. 10점에 가까우면 매우 긍정, 0점에 가까우면 매우 부정이야.

필요하다면 점수 순으로 정렬도 할 수 있습니다.

 점수 내림차순으로 정렬해줘.

왜 그런 점수를 주었는지 이유를 설명하게도 할 수 있습니다.

 각 점수별로 1개씩 댓글을 선택한 다음 왜 그런 점수를 주었는지 이유를 설명해줘.

이번에는 토픽 모델링도 해보겠습니다. 앞에서 내용이 길어졌으니 새 채팅을 시작해서 댓글을 다시 주고 해보겠습니다.

 다음 댓글에 대해 토픽 모델링을 해줘.
[댓글]

이번에는 토픽 모델링한 결과를 가지고 주제별 감성 분석을 해보겠습니다.

 주제별로 감성 분석을 해줘.

이제 이 댓글 분석을 기반으로 시사점을 찾아보겠습니다.

 지금까지 분석 결과를 가지고 시사점을 5개 도출해줘.

문제가 하나 있습니다. 댓글 양이 많으면 LLM에게 텍스트로 줄 수 없어서 텍스트 파일로 줘야 합니다. 이 경우에도 추론을 하기는 어려워서 LLM이 직접 파이썬 코드를 짜서 분석하도록 해야 합니다. 그런데 한글 형태소 분석 등이 완벽하지 않아서 생각만큼 원하는 결과를 얻기는 어렵습니다. 이때는 파이썬 코드를 달라고 해서 VSCODE 같은 프로그래밍 환경에서 직접 실행해야 합니다.

LLM이 이렇게 비정형 데이터를 분석할 수 있습니다. 그래서 그동안 제대로 분석 못했던 고객의 댓글, 고객의 소리, 직원의 의견, SNS 글 같은 것을 누구나 쉽게 분석할 수 있습니다. 한번 도전해 보기 바랍니다.

28

차트에서
인사이트 얻기

여러분, 데이터 시각화 아시죠? 선 그래프, 막대그래프, 분산 차트 같은 것으로 엑셀 데이터를 시각화해서 많이 보고하시죠? 그런데 혹시 이렇게 데이터를 시각화한 다음에 차트를 분석하시나요? 아니면 그냥 보고하고 끝인가요?

많은 직원이 데이터를 차트 같은 것으로 만들어서 시각화하면 분석이 끝나고 보고 준비가 되었다고 생각합니다. 하지만 데이터 시각화는 분석의 끝이 아니라 시작입니다. 데이터를 시각화하는 이유는 데이터를 정리하거나 상사에게 보고하기 위한 것이 아닙니다. 표로 볼 때 안 보였던 데이터의 특성을 시각화해서 찾기 위한 것입니다.

그런데 많은 직원이 표 데이터로 차트를 만드는 것은 잘 하지만, 정작 차트로 그린 다음에 어떻게 분석해야 하는지 모릅니다. 이때 가장 좋은 분석 방법은 이 차트를 보는 이해관계자의 입장에서 생각해 보는 겁니다. 같은 차트라도 상사에 따라, 부서에 따라, 이해관계에 따라 달리 해석됩니다. 그래서 사실 시각화 분석이 오히려 어렵습니다.

하지만 걱정할 필요가 없습니다. 이제 LLM이 차트를 보면서 여러분에게 필요한 인사이트를 도출해서 알려줄 수 있습니다. 여러분이 생각지도 못한 것까지 말해줄 수 있습니다. 자세히 알아보겠습니다.

데이터를 분석한 다음, 차트로 그릴 때 많은 사람들이 고민하는 것은 어떤 차트로 그릴지 선택하는 것입니다. 엑셀에서는 추천 차트 기능이 있어서 데이터에 따라 선 그래프나 막대그래프, 분산 차트 같은 것을 추천해 줍니다. 물론 차트라는 것이 사람의 의도가 들어간 것이지만 데이터의 형태나 내용에 따라 정해진 기준이 다 있습니다.

그런데 여기서는 무슨 차트를 선택하는지에 대해 말씀드리려는 것이 아닙니다. 일단 여러분이 엑셀 같은 툴에서 차트를 선택해서 그리고 난 다음을 얘기하는 겁니다.

차트를 그리고 나면 차트를 가지고 다시 분석을 해야 합니다. 차트가 보여주는 것이 무엇인지 캐치해야 합니다. 예를 들어 다음 차트를 보겠습니다. 이 차트는 특정 기간의 월별 신제품 매출을 선 그래프로 보여줍니다. 그러면 이 차트로 보고를 받는 사람은 차트를 보고 단순히 매출이 올랐다고만 생각하지 않습니다. 이 차트에서 뭔가 인사이트를 얻으려고 할 겁니다. 진짜 데이터 분석은 그 점을 제시해야 합니다.

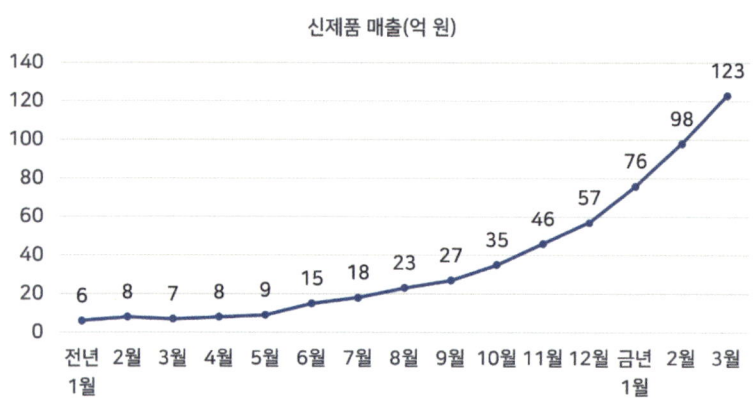

그럼 이 차트에서 무슨 인사이트를 얻을 수 있을까요? 매출이 올랐다? 매출이 연말부터 갑자기 올랐다? 급증했다? 물론 그런 건 차트로 알 수 있습니다. 월 평균 증감률이 얼마다, 전년 1분기에 비해 몇 % 올랐다 하는 것은 간단한 통계로 추가할 수 있습니다.

하지만 인사이트는 이런 게 아닙니다. 인사이트는 단순히 차트에서 나오는 게 아닙니다. 이 차트를 보는 사람의 입장과 상황에 따라 인사이트는 달라집니다. 예를 들어 신제품을 담당하는 영업팀장은 이 차트를 보고 무슨 생각을 할까요? 아마 자신감 넘치고 당당한 자세로 사업부장에게 인센티브 등을 요구하거나 영업직원 신규 채용을 요청할 겁니다.

반면 이 차트를 본 물류팀장은 갑작스러운 신제품 판매 증가에 물류 상황을 요청할 겁니다. 생산팀장도 생산량을 맞추려면 빠듯해서 오히려 신제품 판매를 좀 줄이라고 영업팀장에게 얘기할 겁니다.

결국 이 차트를 누가 보느냐에 따라 인사이트는 달라집니다. 이때 이런 인사이트를 LLM이 아주 잘 도출할 수 있습니다.

예를 들어 같은 신제품 매출 차트를 LLM에게 주고 물어보겠습니다. 일단 인사이트를 3개 달라고 해보겠습니다.

 이 차트를 보고 인사이트를 3개 알려줘.

LLM이 차트 자체에 대한 인사이트를 줍니다. 이번에는 이해관계자별로 어떤 인사이트를 얻을 수 있는지 각각 물어보겠습니다.

 이 신제품을 담당하는 영업팀장에게 필요한 인사이트를 3개 줘.

이 신제품을 담당하는 물류팀장에게 필요한 인사이트를 3개 줘.

 이 신제품을 판매하는 지점장에게 필요한 인사이트를 3개 줘.

다른 차트로 한 번 더 해보겠습니다. 이번 차트는 여러 스마트폰의 1년치 판매량을 월별로 시각화한 것입니다. A스마트폰, B스마트폰, 그리고 기타 스마트폰으로 되어 있습니다.

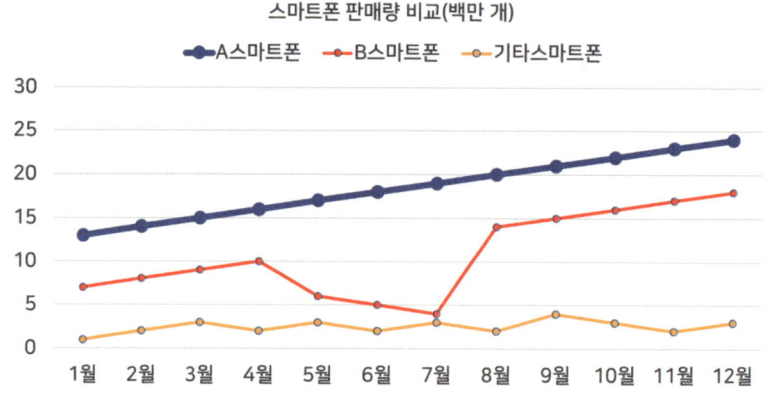

우선 이 차트에서 인사이트를 도출해 보겠습니다.

 이 차트에서 인사이트를 3개 도출해줘.

이번에는 각 사의 영업팀장에게 필요한 인사이트를 달라고 해보겠습니다.

A스마트폰 담당 영업팀장에게 필요한 인사이트를 3개 줘.

B스마트폰 담당 영업팀장에게 필요한 인사이트를 3개 줘.

기타 스마트폰 담당 영업팀장에게 필요한 인사이트를 3개 줘.

이 시장에 신규로 진입하려는 스마트폰 영업팀장에게 필요한 인사이트를 3개 줘.

데이터를 시각화할 때는 어떤 차트를 선택하는지가 중요합니다. 차트가 데이터를 이해하는 데 중요한 역할을 하는 것도 맞습니다. 하지만 데이터로 차트를 그리는 이유는 차트가 보여주는 인사이트를 찾기 위함입니다. 이때 단순히 차트만 보지 말고 이 차트와 관련한 다양한 이해관계자 입장에서 차트를 보는 것이 좋습니다. 그래야 진짜 차트가 보여주는 인사이트를 찾을 수 있습니다. 이걸 LLM이 도와줍니다. 그러니 이제부터 LLM을 이용해서 데이터 시각화 분석을 제대로 한번 해보시기 바랍니다.

29

WBS로 업무 분해하고 관리하기

여러분, 혹시 WBS란 말 들어보셨나요? Work Breakdown Structure라고 해서 작업 분해 구조, 또는 작업 분류 체계라고도 합니다. 주로 프로젝트를 관리할 때 쓰는 말이지만 평소 복잡한 과제나 업무를 세분화해서 관리할 때도 씁니다.

그런데 막상 WBS로 업무를 분해해서 관리하려고 해도 쉽지 않습니다. 작업을 어떻게 나눠야 할지, 산출물을 뭘로 해야 할지, 일정은 어떻게 정해야 할지, 담당자는 누구로 해야 할지… 실제로 WBS를 하려고 보면 막막해지거나 선뜻 시작하기가 쉽지 않습니다.

이때 LLM을 사용하면 아주 쉽게 WBS 초안을 만들 수 있습니다. WBS를 어떻게 만드는지, 무엇부터 해야 하는지, 초안을 만들고 검토하는 일, 진척률 계산까지 LLM을 사용하면 금방 제대로 된 WBS를 만들 수 있습니다. 자세히 알아보겠습니다.

WBS는 1960년대 미국 국방부의 프로젝트 관리 기법에서 비롯되었습니다. 복잡한 무기 시스템 개발 프로젝트를 효율적으로 관리하기 위해 나온 개념이 WBS입니다. 이후에는 미항공우주국 NASA 등에서 사용했습니다.

WBS는 표 형식으로 작성하면 되기 때문에 별도의 툴을 설치하거나 할 필요가 없습니다. 요즘에는 엑셀로 만드는 경우가 많습니다. 그래서 기업의 프로젝트 관리 기법으로 많이 활용되었습니다.

WBS는 작업을 계층으로 구분합니다. 프로젝트가 있으면 하위 단계가 있고 그 아래에 하위 활동이 있고, 그 아래에 또 하위 작업, 즉 구체적인 작업이 있습니다. 밑으로 내려갈수록 작업이 구체화하고, 위로 올라갈수록 추상화합니다. 따라서 작업을 구체화할 때 어떤 기준을 갖고 하는지가 중요합니다. 일반적으로 진행 단계나 산출물, 기능이나 유형, 시간이나 계약 등 기준은 다양하지만 보통 순서나 산출물을 기준으로 작업을 나눕니다.

진행 단계의 예로 반도체 제조 8대 공정이 있습니다. 이렇게 나눈 이유는 앞 단계가 끝나야 다음 단계가 진행될 수 있기 때문입니다.

산출물의 예로 제안서를 작성할 때 기업 소개, 하드웨어 제안, 소프트웨어 제안, 테스트 및 설치 제안 등이 있습니다. 여러 사람이 각 작업을 동시에 맡아서 진행하고 나중에 산출물을 합칠 수 있습니다.

그런데 WBS를 만들면 끝이라고 생각하는 사람이 종종 있습니다. 하지만 전혀 그렇지 않습니다. WBS를 만드는 이유는 일을 세분화하는 것도 있지만 진척을 관리하기 위한 목적이 더 큽니다. 개인이 혼자 일한다면 굳이 WBS를 만들 필요는 없습니다. 달력에 마감일만 정해 놓고 작업해도 됩니다.

WBS를 만드는 이유는 지정한 기간 안에 일을 끝내기 위해서입니다. 반도체 제조든 소프트웨어 개발이든 공장 건설이든 모두 마감이나 납기가 있고 그 날짜를 맞추기 위해서 WBS를 만드는 겁니다. 그래서 WBS에서 가장 중요한 것은 진척 관리입니다.

진척 관리를 하는 방법은 여러 가지가 있습니다. 각 단계별로 완료율을 계산해서 전체 진척률을 구할 수도 있고, 이정표, 즉 마일스톤을 지정해서 진척을 평가할 수도 있습니다. 작업 시간을 기준으로 해서 경과 시간으로 진척률을 측정하기도 합니다.

WBS를 간단히 생각하면 단순히 복잡한 일을 잘게 나누어 놓은 것처럼 보이지만, 막상 제대로 WBS를 쓰려면 신경 써야 할 것이 한둘이 아닙니다. 이때 LLM을 활용하면 많은 도움이 됩니다. 바로 같이 해보겠습니다.

우선 가상의 프로젝트를 정해보겠습니다. 12월 20일부터 3일간 치러지는 국내 전자통신전시회에 이번에 새로 개발한 TV를 출품하는 프로젝트를 WBS로 만든다고 해보겠습니다.

우선 LLM에게 상황을 알려주고 WBS를 만들어달라고 해보겠습니다.

12월 20일부터 3일간 치러지는 국내 전자통신전시회에 우리 회사 TV 제품을 출품하는 프로젝트를 WBS로 만들어줘.

이렇게 쉽게 프로젝트를 세부 작업으로 분해할 수 있습니다. 그런데 이런 작업 구분이 맞는지 확인할 필요가 있습니다. 그래서 이렇게 구분한 기준이 무엇인지 물어보고 다른 기준은 없는지 제안해 달라고 해보겠습니다.

이렇게 단계를 구분한 기준은 뭐지? 혹시 다르게 구분하는 기준이 있을까?

LLM은 항상 가장 상식적이고 대중적인 방법을 먼저 사용합니다. 하지만 그것이 지금 우리에게 최적의 방법은 아닐 수도 있습니다. 따라서 다른 기준이나 방법으로 WBS를 만들고 비교하는 것이 좋습니다. 이때 기준별로 WBS를 만들어 달라고 하고, 장단점도 분석해달라고 해서 우리 프로젝트에 어떤 기준이 적절한지 검토하면 좋습니다.

네가 말한 기준별로 간단한 WBS를 만들고 장단점을 표로 비교해줘.

어느 기준이나 방법이 좋은지 결정했다면 그 기준이나 방법으로 WBS를 만들어달라고 하면 됩니다.

그러면 이제 진척을 관리하기 위해 진척을 어떻게 정하고 진척률은 어떻게 측정할 수 있는지 물어보겠습니다.

 각 작업의 진척을 어떻게 정하고 진척률은 어떻게 측정하면 좋을까?

LLM이 제안하는 방법으로 진척 정보를 포함해서 WBS를 달라고 해보겠습니다. 이때 표로 보면 한눈에 들어오므로 표로 달라고 해보겠습니다.

 진척 정보를 포함해서 WBS를 다시 줘. 표로 보여줘.

진척률을 관리하기 위해 필요하다면 프로젝트 전체 진척률 계산 공식을 만들어달라고 합니다.

 프로젝트 전체 진척률 계산 공식을 만들어줘.

엑셀로 진척률을 관리한다면 엑셀에서 사용할 함수 등을 달라고 해도 좋습니다.

 엑셀에서 계산할 수 있게 줘.

진척은 항상 리스크를 동반합니다. 따라서 중요 작업 등에 대해서는 리스크를 관리하는 기준이나 방법 등이 있어야 합니다. 이것도 LLM에게 요청하면 됩니다.

 진척에 리스크가 있을 만한 중요 작업을 선정하고 그 이유를 설명해줘.

중요 작업을 선정했으면 리스크를 관리하기 위한 체크리스트를 만드는 것도 LLM에게 요청하면 좋습니다.

 위에서 얘기한 중요 작업의 리스크를 관리하기 위한 체크리스트를 만들어줘.

이제 지금까지 만든 WBS와 각종 문서를 정리해달라고 하겠습니다.

 지금까지 나온 얘기를 종합해서 "WBS 기반 전시회 참가 프로젝트 관리"라는 이름으로 워드 문서를 만들어줘.

잘 모르는 프로젝트를 맡거나 복잡한 과제를 담당하면 누구나 일을 시작하고 관리하기가 두렵습니다. 그래서 WBS 같이 일을 체계적으로 하는 방법이 많이 발전했습니다. 하지만 이런 방법을 제대로 배운 적도 없고, 배워도 막상 내 프로젝트에 쓰기는 쉽지 않습니다. 그런데 이제 LLM이 이런 WBS를 만드는 것부터 관리하는 방법까지 아주 세세하게 잘 알려주고 초안도 다 짜줍니다. LLM을 활용해서 자신 있게 WBS로 일해 보기 바랍니다.

5

보통 직장인의 보고력을 높이는 프롬프트

30 _ 보고서의 배경, 목적, 기대효과 쓰기
31 _ 긴 내용을 요약, 발췌, 종합해서 보고하기
32 _ 보고서 교정 교열하기
33 _ 이해관계자 예상 질문 도출하고 대비하기
34 _ 중요 정보 누락 없는 기술 문서 초안 작성하기
35 _ 기술 문서에서 나열 순위 정하기
36 _ 2by2 매트릭스로 보고하기
37 _ 데이터 표현 방법 선택하기

30

보고서의 배경, 목적, 기대효과 쓰기

여러분, 보고서 목차를 보면 맨 처음에 많이 나오는 항목이 뭔지 아세요? 바로 배경입니다. 사업배경, 추진배경, 제안배경처럼 앞에 수식하는 단어를 붙이거나 '배경 및 목적'처럼 배경에 목적을 추가해서 한 항목으로 만들어 쓰기도 합니다.

이때 배경을 어떻게 써야 하는지 잘 모르는 사람이 많습니다. 배경을 지나치게 큰 담론으로 쓰는 사람도 있고, 현상을 나열하고 배경이라고 하는 사람도 있습니다. 전략을 배경으로 생각하는 사람도 있고 인과관계가 없는 내용을 적어놓고 배경이라고 하기도 합니다.

배경이 정확히 무엇인지부터 알아야 배경을 잘 쓸 수 있습니다. 그리고 배경을 잘 쓰면 목적은 배경을 요약한 것이어서 금방 쓸 수 있습니다. 이것이 보고서의 첫 항목입니다. 보고서의 마지막 항목은 보통 '기대효과'입니다. 그런데 기대효과도 배경을 잘 쓰면 저절로 써집니다.

보고서의 처음과 끝을 이렇게 써놓고 그다음에 가운데를 채워야 보고서를 제대로 논리적으로 쓸 수 있습니다. 그런데 LLM에게 배경이든 목적이든 기대

효과든 다 써달라고 하면 됩니다. 하지만 배경이 정확히 뭔지 모르면 LLM이 제대로 배경을 써 줄 수 없습니다. 일단 배경이 뭔지 알아보고 LLM에게 뭐라고 얘기해야 배경을 잘 서술하는지 알아보겠습니다.

예를 들어 새로 생긴 조직문화팀이 부서 간 소통 활성화 보고서를 써야 한다고 해보겠습니다. 배경을 이렇게 썼습니다.

- 부서 간 사일로 심화로 AI 시대 데이터 공유 문제 심화
- 부서 간 소통 부족으로 공정 전체 수율 악화
- 부서 간 소통 강화로 사전에 문제 제기 및 예방

어떠신가요? 언뜻 보면 배경을 잘 서술한 것 같습니다. 하지만 내용을 하나하나 짚어보면 전혀 배경이 아님을 알 수 있습니다.

'부서 간 사일로 심화로 AI 시대 데이터 공유 문제 심화'는 원인과 비즈니스 영향을 서술한 겁니다. '부서 간 소통 부족으로 공정 전체 수율 악화'도 마찬가지입니다. 현황과 영향에서 다룰 내용입니다. '부서 간 소통 강화로 사전에 문제 제기 및 예방'는 전략과 목표입니다.

그렇다면 배경이 정확히 무엇일까요? 배경을 이해하려면 먼저 모든 업무, 일, 비즈니스의 시작을 알아야 합니다. 그 시작은 '문제'입니다. 직장에서 우리가 하는 모든 일은 문제를 해결하기 위함입니다. 문제가 있어야 일이 시작됩니다. 내가 돈이 없는 것도 문제이고, 고객은 필요로 하는데 시장에 제품이 없는 것도 문제입니다. 상사가 어떤 일을 하고 싶어 하는데 할 여건이 안 되는 것도 문제입니다. 항상 맨 처음에는 문제가 있어야 합니다.

그런데 문제가 있다고 해서 전부 다 업무, 일, 비즈니스로 전환되는 것은 아닙니다. 문제가 있으면 조직, 회사, 상사, 담당자 등 중요한 이해관계자의 인식이 있어야 합니다. 문제가 문제인지 모르면 어떻게 될까요? 아무것도 안 합니다. 문제가 얼마나 중요한지 모르면 어떻게 될까요? 아무것도 안 합니다.

예를 들어 방 천장 형광등이 깜빡인다고 해보겠습니다. 지금 당장 형광등의 깜빡임 문제를 해결할 사람은 없습니다. 일단은 지켜보거나 주말에 고치자고 할 겁니다. 미루는 겁니다. 어떤 사람은 당장 형광등을 교체할 수 있습니다. 문제가 있다고 다 어떤 행동을 하는 게 아니라 문제를 어떻게 인식하느냐가 더 중요합니다.

문제를 인식하고 나면 이제 그 문제를 풀지 말지 의사결정을 할 수 있습니다. 그런데 의사결정의 대부분은 기각이나 반려입니다. 상사에게 보고서를 올리면 반려되는 경우가 많습니다. 10건 올리면 최소한 절반은 기각되거나 반려됩니다. 그게 정상입니다. 제약 때문입니다.

우리에게는 항상 없거나 모자란 것이 세 가지 있습니다. 돈, 사람, 시간입니다. 이것이 제약입니다. 모든 조직은 돈, 사람, 시간이 없거나 모자란 상태에서 최선의 의사결정을 합니다. 그래서 모든 문제를 다 풀 수 없습니다. 모든 문제를 다 풀 수 없으니 모든 기획을 다 실행할 수 없습니다. 하지만 개중에 어떤 문제는 꼭 풀어야 할 때가 있습니다. 그때 의사결정자는 그 문제를 해결하겠다며 의사결정을 합니다.

이 과정이 바로 배경입니다. 우리가 풀려고 하는 문제가 무엇이고 이해관계자는 어떻게 인식하고 있고 전에는 안 했는데 이번에는 왜 해결하려고 하는지를 쓰면 그게 배경입니다. 문제, 인식, 제약, 결정을 순서대로 쓰면 되는 겁니다. 예를 들면 앞에서 예로 들었던 부서 간 소통 활성화 보고서의 배경은 이렇게 쓰면 됩니다.

- (문제) 최근 부서 간 업무 분쟁이 급격히 늘고 있음.
- (인식) CEO와 전문가는 업무 분쟁을 일으키는 주요 요인으로 부서 간 소통 부족을 지적하고 있으며 매우 위험한 상황으로 인식하고 있음.
- (제약) 그간 조직 소통을 담당하는 부서가 없었으나 이번에 새로 생긴 조직문화팀이 부서 간 소통 문제도 담당할 수 있음.
- (결정) 최근 경영회의에서 조직문화팀 주도로 다양한 부서 간 소통 활성화 대책을 수립하고 실행하기로 결정함.

이제 이러한 배경을 요약하면 목적이 됩니다. 예를 들어 이렇게 요약하면 됩니다.

'최근 급증한 부서 간 업무 분쟁의 주요 원인으로 지목된 소통 부족 문제를 해결하고자, 조직문화팀 주도로 부서 간 소통 활성화 대책을 수립·실행하여 조직 내 협력과 업무 효율성을 증진'

이제 기대효과도 쓸 수 있습니다. 문제가 해결되면 무엇이 좋아지는지 추가로 쓰면 됩니다. 예를 들면 이렇게 씁니다.

'부서 간 소통이 활성화됨으로써 업무 분쟁이 감소하고 조직 내 협업과 신뢰가 강화되어 전체적인 업무 효율성과 조직 만족도가 향상될 것으로 기대'

앞에서 예로 든 부서 간 소통 활성화 보고서의 배경을 LLM에게 써 달라고 해보겠습니다.

 부서 간 소통 활성화 보고서의 목차 중 배경을 써 줘.

이렇게 해서는 배경을 제대로 썼다고 보기 어렵습니다.

이번에는 문제, 인식, 제약, 결정으로 각각 2~3줄씩 써달라고 해보겠습니다.

 우리 조직문화팀이 부서 간 소통 활성화 보고서를 쓰려고 한다. 문제, 인식, 제약, 결정으로 각각 2~3줄 이내로 간단히 써줘.

이 내용을 기반으로 목적을 한 문장으로 서술해 달라고 합니다.

이 배경을 토대로 보고서 목차 중 목적을 한 문장으로 써줘.

이제 기대효과를 써달라고 하면 됩니다.

 기대효과도 한 문장으로 써줘.

이번에는 설비 교체에 대해 구체적인 상황을 얘기하고 배경을 써달라고 해보겠습니다.

 현재 운영중인 설비 3대 중 한 대가 수율이 너무 낮게 나와서 교체를 검토하고 있다. 우리 부서에서는 당장 교체가 필요하고, 영업과 안전 부서도 동의하는데, 구매팀이 비용 문제로 당장 교체보다는 내년이나 내후년 교체를 요구하고 있다. 그럼에도 불구하고 교체를 하기 위해 보고서를 써야 한다. 이 보고서의 배경을 문제, 인식, 제약, 결정으로 각각 한두 문장으로 써줘.

이제 이 배경을 토대로 목적과 기대효과를 써달라고 하겠습니다.

 이 배경을 토대로 목적과 기대효과를 각각 한두 문장으로 써줘.

LLM이 보고서를 잘 써줍니다. 하지만 그 보고서를 검토해야 하는 사람은 나와 상사입니다. 우리가 배경이 무엇이고 어떻게 쓰는지 모르는데 어찌 LLM이 써 준 글만 가지고 보고하러 갈 수 있겠습니까? 배경이 정확히 무엇이고 어떻게 쓰는지 제대로 알아야 LLM도 잘 쓸 수 있습니다.

31

긴 내용을 요약, 발췌, 종합해서 보고하기

여러분이 어느 날 아침에 출근하기 위해 눈을 떴는데, 시계를 보니 평소 기상 시간보다 20분이나 늦었습니다. 아차차 하면서 얼른 씻고 나가서 회사 가는 버스를 타려 하는데 교통 카드가 없습니다. 서둘러 근처 편의점에서 교통 카드를 사서 버스를 탔는데 졸다가 회사 정류장을 지나쳤습니다. 다음 정류장에서 내려서 회사로 걸어오는데 비가 쏟아지기 시작합니다. 아차차, 어제 분명 오늘 아침에 비 온다고 했는데 우산을 깜빡하고 못 챙겨왔습니다. 근처 편의점을 들러 우산을 샀습니다. 우산을 들고 회사에 왔더니 15분 지각했습니다.

팀장이 불렀습니다. "오늘 왜 늦었어요?" 여러분이 대답합니다. "팀장님, 제가요. 아침에 눈을 떴는데요. 버스를 탔는데 그만 정류장을 지나쳐서… 아 그전에 제가 늦잠을 자서 20분이나 늦어서. 그래서 얼른 씻고 나오는데요. 아무튼 버스에서 내려서 오는데 비가 쏟아져서. 제가 우산 사고 오느라…"

어떤가요? 저도 상황은 참 이해가 됩니다. 그런데 도대체 무슨 말인지 잘 모르겠습니다. 너무 주절주절 얘기하는 것 같습니다.

말하는 사람도 답답하고 듣는 사람도 답답합니다. 핵심이 무엇인지 모르겠습니다. 그래서 앞으로 어떻게 하겠다는 말도 없습니다. 이렇게 말하는 이유는 간단합니다. 핵심을 못 찾기 때문입니다. 무슨 말을 하든, 무슨 행동을 하든 핵심을 잘 찾으면 됩니다.

어떤 내용에서 핵심을 찾으려면 요약, 발췌, 종합의 차이를 알면 좋습니다. 하나씩 알아보겠습니다.

첫째, 요약입니다. 요약은 내용에서 중요한 것을 골라 간추린 겁니다. 아침에 늦잠 잤고, 교통 카드를 잃어버렸고, 버스 정류장을 지나쳤고, 비 오는 줄 몰랐고, 우산을 사야 했고… 이것이 요약입니다. 그런데 요약은 핵심을 찾는 것이 아니라 쓸데없는 군더더기를 없애는 겁니다. 중복되는 말이나 불필요한 어구를 없애는 겁니다. 그래서 요약 자체는 핵심을 찾는 것이 아니라, 핵심을 찾기 위한 준비 과정이라고 보면 됩니다.

둘째, 발췌입니다. 요약은 내용에서 요점을 간추린 겁니다. 간추리기 위해서 불필요한 내용이나 군더더기를 빼는 방식으로 내용을 줄이는 것이 요약입니다. 발췌는 요약과 반대라고 볼 수 있습니다. 내용 중에서 핵심이 되는 것만 뽑아내는 겁니다. 회사에 지각한 건 늦잠 자서라고 얘기하면 늦잠을 발췌한 것이고 늦잠이 핵심이 됩니다.

셋째, 종합입니다. 요약, 발췌와 비슷한 듯하면서도 전혀 다른 종합이란 것이 있습니다. 종합은 정리나 요약한 것을 가지고 새로운 개념이나 관념을 만드는 것입니다. 이때는 내용을 듣는 사람 입장에서 생각해야 합니다. 여기서는 팀장의 입장입니다. 팀장 입장에서는 지각한 내용을 다 듣고 난 다음에 하는 말이 있습니다. 예를 들면 이런 겁니다.

"도대체 어떻게 된 겁니까?"

"왜 그렇게 된 거죠?"

"그래서 어쩌라는 겁니까?"

"앞으로 어떻게 할 겁니까?"

이런 질문은 크게 두 가지입니다. 하나는 Why so 질문입니다. 왜 그렇게 되었는지 종합해 달라는 겁니다. 즉, 과거에 무슨 일이 있었는지 종합해 달라는 겁니다. 한마디로 팀원이 넋이 나간 겁니다. 이렇게 Why so 질문에 종합해서 대답하는 것을 통찰이라고 합니다. 흔히 인사이트라고 하는데, 과거에 무슨 일이 있었는지, 왜 그렇게 되었는지, 근본 원인은 무엇이었는지를 찾는 겁니다.

다른 하나는 So what 질문입니다. 그래서 업무에 어떤 영향이 있었는지, 앞으로 어떻게 하겠다는 건지 종합해 달라는 겁니다. 한마디로 영향을 생각해서 대책을 세우라는 것입니다. 이렇게 So what 질문에 종합해서 대답하는 것을 시사라고 합니다. 흔히 시사점이라고 씁니다.

그동안 요약, 발췌, 종합은 보고하는 사람이 해왔습니다. 그런데 보고할 내용은 많고, 상사는 짧게 핵심만 말하라고 하니 요약도 발췌도 종합도 쉽지 않았습니다. 그런데 이제 LLM이 이런 걸 대신해서 잘해 줍니다. 바로 한번 해보겠습니다.

예를 들어 앞에서 지각한 내용을 LLM에게 주절주절 주고 요약해 달라고 하겠습니다.

 다음 내용을 요약해줘.
아침에 출근을 하기 위해 눈을 떴는데 시계를 보니 평소 기상 시간보다 20분이나 늦었다. 아차차 하면서 얼른 씻고 나가서 회사 가는 버스를 타려 하는데 교통 카드가 없다. 서둘러 근처 편의점에서 교통 카드를 사서 버스를 탔는데 졸다가 회사 정류장을 지나쳤다. 다음 정류장에서 내려서 회사로 걸어오는데 비가 쏟아지기 시작한다. 아차차, 어제 분명 오늘 아침에 비온다고 했는데 우산을 깜빡하고 못 챙겨왔다. 근처 편의점을 들러서 우산을 샀다. 우산을 들고 회사에 왔더니 15분 지각했다.

LLM이 잘 요약해 줍니다.

이번에는 핵심 하나만 발췌해달라고 해보겠습니다.

 위 내용에서 핵심을 하나만 발췌해줘.

이제 통찰과 시사를 달라고 해보겠습니다.

 위 이야기에서 통찰과 시사를 알려줘.

여기에 더해 팀장이 Why so와 So What 관점에서 뭐라고 할지도 AI에게 물어보면 좋습니다.

 위 이야기를 들은 팀장은 Why so 관점에서 한마디로 뭐라고 할까?

 위 이야기를 들은 팀장은 So What 관점에서 한마디로 뭐라고 할까?

결국 상사는 So What을 얘기하기 마련입니다. 이것이 상상의 종합적 결정이라고 볼 수 있습니다.

보고 내용이 긴 것을 좋아하는 상사는 없습니다. 내용이 길면 우선 요약을 해야 합니다. 그런데 요약만 해서는 안 됩니다. 핵심을 잘 발췌하는 것이 중요합니다. 또한 상사의 질문에 대답할 수 있도록 종합해야 합니다. 이때 LLM을 사용하면 요약, 발췌, 종합을 비교적 쉽고 빠르게 할 수 있습니다.

32

보고서
교정 교열하기

여러분, 보고서 열심히 쓰고 검토한 다음에 보고하려고 하면 꼭 오탈자가 보이지 않나요? 제안서도 다 쓰고 제출하려고 할 때 마지막으로 훑어보면 꼭 띄어쓰기가 잘못된 것이 눈에 띄지 않나요?

제가 국문과를 졸업했습니다. 책도 10여 권 냈고요. 그런데 원고를 써서 출판사에 보내면 편집하시는 분이 맞춤법이나 띄어쓰기, 문맥을 보고 엄청 고치십니다. 저더러 고치라며 원고에 메모를 붙이는데요, 어떤 때는 한 쪽에 메모가 열 장이 붙기도 합니다.

국문과 나와서 책 쓴다는 저도 이런데, 직장에서 보고서 쓸 때 어찌 맞춤법, 문맥 다 따져서 검토할 수 있을까요? 사실 불가능한 일입니다. 그래서 부서장이 이런 것을 검토하게끔 조직 체계를 잡아 놨습니다.

하지만 상사가 검토해야 할 것이 있고 작성자가 검토해야 할 것이 따로 있습니다. 상사는 내용을 읽고 의사결정을 하기 위해 다양한 상황을 검토하는 겁니다. 보고서의 오탈자나, 문맥이나 계산이 맞지 않는 것이나, 논리 같은 건 상사가 해야 할 일이 아니라 작성자가 검토해야 하는 것입니다.

그런데 이제 우리에게 희망이 생겼습니다. LLM이 우리가 쓴 글, 보고서, 문서의 오탈자를 다 찾아주고 띄어쓰기도 맞춰줍니다. 문맥이 이상하면 고쳐줍니다. 자세히 알아보겠습니다.

상사에게 보고서를 전달하거나 발표하기 전에 반드시 해야 하는 일이 검토입니다. 이때 상사는 내용이 논리적인지, 주장이 타당한지 검토합니다. 하지만 작성자는 글을 제대로 썼는지 검토해야 합니다. 이것을 교정·교열이라고 합니다.

교정은 틀린 글자나 부호, 맞춤법이나 띄어쓰기 등을 바로잡는 겁니다. 교열은 문법에 맞지 않는 문장, 즉 비문을 바로잡거나 잘못된 사실을 바로잡아 고치는 것입니다.

우선 흔히 얘기하는 오탈자 교정부터 알아보겠습니다. 오탈자라는 것이 상사 눈에는 단번에 보입니다. 또 내가 직접 발표하거나 할 때도 눈에 확 들어옵니다. 그런데 내가 보고서를 쓰고 검토할 때는 전혀 보이지 않습니다. 하나 예를 들어 보겠습니다. 다음 문장을 한 번 읽어보고 뭐가 이상한지 생각해보십시요.

"캠릿브지 대학의 연결구과에 따르면, 한 단어 안에서 글자가 어떤 순서로 배되열어 있지는 중요하지 않고, 첫 번째와 마지막 글자가 올바른 위치에 있는 것이 중다요하고 한다. 나머지 글들자은 완전히 엉진망창의 순서로 되어 있라을지도 당신은 아무 문제 없이 이것을 읽을 수 있다. 왜하냐면, 인간의 두뇌는 모든 글자를 하하나나 읽는 것이 아니라 단어 하나를 전체로 인하식기 때이문다."

혹시 눈치챘나요? 여기에는 엄청 많은 오탈자가 있습니다. 찾으셨나요? 첫 단어부터 잘못 쓰여 있습니다. '캠브리지'가 '캠릿브지'로 쓰여 있네요. '연구결과'는 '연결구과'로 쓰여 있습니다. 이런 오탈자들을 바로잡는 것을 LLM이 잘합니다.

다음 내용에서 오탈자를 찾아서 알려주고, 마지막에는 바로잡아서 줘.
캠릿브지 대학의 연결구과에 따르면, 한 단어 안에서 글자가 어떤 순서로 배되열어 있지는 중요하지 않고, 첫 번째와 마지막 글자가 올바른 위치에 있는 것이 중다요하고 한다. 나머지 글들자은 완전히 엉진망창의 순서로 되어 있라지도 당신은 아무 문제 없이 이것을 읽을 수 있다. 왜냐하면, 인간의 두뇌는 모든 글자를 하나나 읽는 것이 아니라 단어 하나를 전체로 인하식기 때이문다.

문장을 바로잡는 교정도 생성형 AI가 잘합니다. 예를 들어 다음 문장은 어떤가요? 어색한가요?

"모든 아이들이 손에 꽃들을 들고 자신들의 부모들을 향해 뛰어갔다"

문법만 놓고 보면 잘못된 것이 없지만 뭔가 어색하다고 느낄 겁니다. 실제로는 이렇게 쓰면 안 됩니다. 이런 어색한 문장도 LLM이 바로잡아 줍니다.

다음 문장을 바로잡아줘.
"모든 아이들이 손에 꽃들을 들고 자신들의 부모들을 향해 뛰어갔다"

맞춤법도 볼까요? 많이 틀리는 맞춤법 중에 로서와 로써가 있습니다. '서'와 쌍시옷 '써'의 차이입니다. 지위나 신분 또는 자격을 나태는 격 조사는 '로서'입니다. '로써'는 어떤 일의 수단이나 도구를 나타냅니다. 예를 들어 '그것은 팀장으로서 할 일이 아니다'라고 쓸 때는 '로서'를 써야 합니다. '팀장은 대화로써 팀원과 갈등을 풀어야 한다'라고 할 때는 쌍시옷이 들어간 '로써'를 써야 합니다. LLM에게 물어볼까요?

다음 문장에서 맞춤법이 틀린 것을 알려줘.
"그것은 팀장으로써 할 일이 아니다."

'율'과 '률'도 헷갈려 하는 경우가 많습니다. 백분률은 끝에 '률'이 아니라 '율'이 들어가야 합니다. 이율, 비율도 모두 '율'입니다. 받침이 없는 말이나 ㄴ 받침으로 끝나는 말 뒤에는 '율'을 씁니다. 나머지는 모두 '률'을 씁니다. 확률, 매칭률, 가독률 같은 겁니다. LLM에게 잘못된 '율'과 '률'을 주고 확인해 달라고 해보겠습니다.

다음 문장에서 맞춤법이 틀린 것을 알려줘.
"경비 사용 내역을 백분률로 환산하고 확율과 가독율도 체크해줘."

오탈자 교정과 함께 맞춤법이나 띄어쓰기도 LLM이 잘 합니다.

다음 문장에서 띄어쓰기를 바로잡아줘.
오탈자교정과함께맞춤법이나띄어쓰기도AI가잘합니다.

물론 LLM이 맞춤법 규칙을 완전히 이해하지 못할 수도 있습니다. 맞춤법은 과거와 지금이 다를 수 있고, 수시로 원칙이나 용례가 바뀌기도 하기 때문입니다. 또, 표준 맞춤법에는 설명이 없지만 사람이 맞춤법을 좀더 잘 이해할 수 있게 설명한 것을 LLM은 잘 모를 수 있습니다.

LLM에게 완벽한 맞춤법을 요구하기보다는 가장 기본적인 교정을 요청하는 정도로 사용하면 좋습니다. 그다음에는 사람이 확인하는 것이 좋습니다.

이제 교열을 해보겠습니다. 교열은 비문을 바로잡는 겁니다. 예를 들어 다음 문장을 보겠습니다.

"모든 아이들이 손에 꽃들을 들고 자신들의 부모들을 향해 뛰어갔다"

어떤 것이 잘못되었나요? 오탈자나 띄어쓰기가 잘못된 것은 아닙니다. 문장이 좀 많이 어색한 겁니다. 이렇게 썼다고 해서 말이 안 통하는 것은 아니지만 문장이 깔끔하지는 않습니다.

이런 경우에도 LLM에게 바로잡아달라고 하면 됩니다.

다음 문장을 바로잡아줘.
"모든 아이들이 손에 꽃들을 들고 자신들의 부모들을 향해 뛰어갔다"

최근에는 구두로 말하는 내용을 메신저 등에서 문자로도 그대로 쓰곤 합니다. 특히 판교에서 일하는 직장인의 말이라면서 판교어, 또는 판교 사투리라는 것도 있는데요. 이때는 이런 내용을 LLM에게 주고 교정해 달라고 하면 됩니다.

다음 문장을 교정해줘.
대리님~ 오전 미팅 했을 대 세커티를 디벨롭한거 매리지체크해서 리셀 해주시고 이슈 메컵했을 때 락앤 주세요!

실제로 최근에는 많은 출판사가 교정·교열을 AI로 하고 있습니다. 저도 책 원고를 쓰고 나면 ChatGPT나 Claude 같은 LLM에게 주고 교정·교열을 해달라고 합니다.

물론 LLM이 만능은 아닙니다. 보고서 작성자가 특정 내용이나 문구를 강조하기 위해 일부러 비문처럼 쓰는 경우도 있고, 분량을 맞추기 위해 띄어쓰기를 무시하는 경우도 있기 때문입니다. 다만, 이런 의도가 없는 글이라면 LLM을 이용해서 교정·교열을 하고 여러분이 다시 직접 확인하는 것을 추천합니다.

33

이해관계자 예상 질문 도출하고 대비하기

여러분, 뭔가 기획해서 의사결정자에게 보고할 때 회의 시간을 얼마나 잡으시나요? 10분? 1시간? 한 나절? 보통 1시간 정도를 잡을 것입니다. 그러면 내용을 설명하는 시간은 1시간의 회의시간 중 얼마나 될까요? 10분? 20분? 30분? 짧으면 10분, 아마 길어도 30분일 겁니다.

그런데 내용에 대한 설명을 들은 의사결정자가 그때 바로 의사결정을 하나요? 전혀 그렇지 않습니다. 의사결정자의 의사결정은 남은 회의 시간 동안의 질문과 대답을 통해 이루어집니다. 또 같이 참석한 다른 부서 사람들의 의견을 듣고 결정합니다. 의사결정자가 보고 내용으로 의사를 결정하는 것이 아니라 질문한 내용에 대해 얼마나 좋은 대답을 들었는지로 의사결정을 한다는 말입니다.

그러니 보고서를 작성한 다음 반드시 상사나 이해관계자의 예상 질문을 파악해야 합니다. 누가 어떤 질문을 할지 예상하고 답변도 미리 준비해야 보고한 대로 통과될 확률이 높아집니다.

그렇다면 다양한 이해관계자별 예상 질문과 대답은 어떻게 구할까요? 물론 지금까지 여러 사람이 모여서 예상 질문 리스트를 뽑았습니다. 하지만 이젠 LLM이 이해관계자별 예상 질문과 대답을 다 뽑아줍니다. 자세히 알아보겠습니다.

단순한 상황 보고가 아니라 뭔가 돈, 사람, 시간이 필요한 회의를 참석해보면 의사결정자만 들어오지 않습니다. 안건에 따라 다양한 이해관계자들이 옵니다. 예를 들어 설비를 교체하는 기획을 해서 보고한다고 해보겠습니다. 그러면 기존 설비와 관련한 공정이나 기술 부서의 장이나 담당자가 들어와야 합니다. 새 설비를 구매해야 하니 구매부서 의견도 들어야 합니다. 새 설비에 대해 신규 인력이 필요하거나 교육이 필요하면 인사 부서, 교육 부서도 들어와야 합니다.

물론 회의 때 이런 이해관계자들이 안 들어오는 경우도 있지만, 의사결정자라면 이런 이해관계 부서의 의견을 들을 수밖에 없습니다. 그러면 보고하는 사람이 먼저 회의 전에 이해관계 부서를 찾아가서 설명하고 의견을 들어야 하는데, 이때 이해관계 부서에서 무슨 질문을 할지 미리 알고 가면 좋습니다.

그런데 이해관계자의 질문이란 것이 사실상 어느 정도는 정해져 있습니다. 크게 역할, 내용, 투자에 관한 질문입니다. 하나씩 알아보겠습니다.

첫째, 역할에 관한 질문이 있습니다. 역할의 끝은 성과입니다. 이해관계가 있는 부서는 성과가 있겠다 싶으면 성과를 가져오고 싶어하고, 그러려면 역할이 있어야 합니다. 노트북 구매에서도 구매팀은 단순 구매가 아니라 더 저렴한 가격에 좋은 성능을 가진 노트북을 구매하는 역할을 함으로써 비용을 줄이고 현업팀의 만족도를 높이는 역할을 합니다. 신사업팀이 새로운 사업을 기획할 때도 기존 팀은 새로운 사업이 될 것 같다면 사업 연계든, 영업 지원이든 뭔가 필요한 것이 있는지 물을 겁니다.

둘째, 내용에 관한 질문이 있습니다. 말 그대로 무슨 내용이냐 하는 겁니다. 예를 들어 기술팀에 경력 직원이 10명 들어와서 노트북을 구매해야 한답니다. 이 내용을 구매팀에 전달합니다. 그러면 구매팀이 물어볼 겁니다. 노트북이 왜 필요하냐, 무슨 일에 쓸 거냐, 무슨 스펙으로 사야 하냐 등 내용 자체에 대해 물어봅니다. 또 보고서에 납품 희망일이 빠졌다, 자산 관리자 이름이 빠졌다 등등 내용에서 부족하거나 잘못된 것도 물어볼 겁니다.

셋째, 투자에 관한 질문이 있습니다. 예를 들어 원래는 노트북을 지급하지 않았거나 데스크톱을 지급했는데 이번에 좀더 비싼 노트북으로 투자해서 지급하겠다고 해보겠습니다. 그러면 회사의 투자비는 고정된 상태에서 다른 투자를 줄이고 노트북에 더 투자할 수밖에 없습니다. 당연히 기존에 노트북을 받지 못한 직원이나 부서가 반대 의견을 우회적인 질문으로 표명할 수 있습니다. 예를 들어 왜 이걸 우리가 해야 하느냐, 왜 하필 지금 해야 하느냐, 다른 데는 왜 안 하느냐 같은 질문입니다.

이런 질문에 제대로 답을 준비해야 보고 회의에서 이해관계자들을 안심시킬 수 있고, 그래야 의사결정자도 우리가 원하는 의사결정을 할 겁니다. 그런데 이런 질문이 뭐가 있는지, 뭐라고 대답하면 좋은지 LLM을 이용하면 아주 쉽고 빠르게 알 수 있습니다. 바로 해보겠습니다.

여러분이 기술팀에서 새로 들어온 경력사원 10명에게 새 노트북을 지급하는 보고를 상사에게 한다고 해보겠습니다. 이때 이해관계 부서가 뭐가 있고 어떤 역할을 하고 어떤 이해관계가 있는지 LLM에게 물어보겠습니다.

 우리 기술팀에 새로 들어온 경력사원 10명에게 새 노트북을 지급해야 한다. 이 내용을 보고할 때 이해관계 부서는 어떤 부서가 있고, 어떤 역할을 하고, 어떤 이해관계가 있을까?

LLM은 다양한 부서의 역할과 이해관계를 얘기해 줍니다.

이제 각 부서가 보고 내용과 관련하여 어떤 질문을 할지 물어보겠습니다.

각 부서가 내 보고 내용과 관련하여 무슨 질문을 할까? 부서별로 3개씩 줘.

이번에는 투자와 관련한 질문도 달라고 해보겠습니다.

 이전까지 데스크탑 PC를 지급했는데 이번에는 좀더 비싼 노트북을 지급한다. 투자와 관련해서 이해관계 부서의 질문도 3개씩 줘.

이번에는 가전 제품을 만드는 사업부에서 의료 전자 장비를 만드는 신사업을 하겠다는 보고에 대해 이해관계자가 할 수 있는 질문을 물어보겠습니다.

 우리 사업부는 가전 제품을 만들어 판매한다. 사업부 소속 신사업팀이 의료 전자 장비 제조 판매를 신사업으로 보고하려고 한다. 이 내용을 보고할 때 이해관계 부서는 어떤 부서가 있고, 어떤 역할을 하고, 어떤 이해관계가 있을까?

 각 부서가 내 보고 내용과 관련하여 무슨 질문을 할까? 부서별로 3개씩 줘.

 신사업에 투자가 많이 든다. 이와 관련하여 이해관계 부서별로 무슨 질문을 할지 3개씩 줘.

보고서를 잘 쓰는 것도 중요합니다. 하지만 실제 의사결정에 영향을 주는 것은 보고서에 대한 질문과 대답입니다. LLM을 이용하면 다양한 이해관계자가 내 보고에 관해 무슨 질문을 할 것인지 알아낼 수 있습니다. 또한 질문에 뭐라고 대답하는 것이 좋은지도 LLM의 도움을 받을 수 있습니다. 여러분도 상사와 이해관계자들을 설득하기 위해 LLM의 도움을 받아 예상 질문과 답변을 준비해 보기 바랍니다.

34

중요 정보 누락 없는
기술 문서
초안 작성하기

여러분, 기술 문서 쓰세요? 기술 문서란 것이 워낙 다양해서 어떤 것을 딱 기술 문서라고 하기는 어렵지만, 흔히 엔지니어나 IT 개발자가 쓰는 문서는 어느 정도 정해져 있습니다. 예를 들어 사양서, 사용 설명서, 설치 가이드, API 문서, 업데이트 로그, 문제해결 가이드 등이 있습니다. 건축 도면이나 제품 구조도 같은 것은 기술 도면이라고 하는데, 이처럼 기술 문서에 도면이 포함된 경우도 많습니다.

그런데 이런 기술 문서를 쓰는 일이 참 어렵습니다. 어려운 기술이나 복잡한 제품을 다른 사람에게 설명하는 일은 매우 어려운 일입니다. 특히 엔지니어나 IT 개발자들은 글쓰기 훈련을 받을 기회가 적기 때문에 기술이나 제품을 글로 서술하는 게 참 쉽지 않습니다. 석박사의 경우 기술 논문을 쓸 기회는 있지만 이때도 기술 글쓰기를 충분히 배워서 쓰는 것은 아닙니다.

그렇다고 해서 글을 잘 쓰는 사람이 기술 문서를 잘 쓰는 것도 아닙니다. 왜냐하면 기술 문서는 대부분 표준이 정해져 있습니다. 그냥 기술이나 제품을 설명하는 것이 아니라, 법률이나 산업계가 정한 항목과 목차, 규칙에 따라 써야 합니다. 그래서 글을 잘 쓰는 것과 기술 문서를 쓰는 것은 좀 다릅니다.

특히 기술 문서에 가장 중요한 것은 포괄성입니다. 중요 정보가 누락되면 안 된다는 말입니다. 예를 들어 화학 물질을 구매해서 사용하다가 사람이 다치는 경우, 해당 물질 설명서에 응급 조치 방법이 있어야 합니다. 노트북을 구매해서 사용하다가 장애가 발생하면 사용 설명서를 읽고 장애를 해결하거나 해결하는 법을 알 수 있어야 합니다.

이때 LLM이 기술 문서와 관련한 법률이나 표준을 잘 이해하고 포괄성을 가진 기술 문서를 대신 써 줄 수 있습니다. 중요 정보가 누락되지 않게 도와주는 겁니다.

LLM으로 기술 문서를 작성하기 전에 먼저 기술 문서의 특징을 알아야 합니다. 기술 문서가 일반적인 비즈니스 문서와 다른 점은 항목이나 작성 방법이 어느 정도 정해져 있다는 것입니다. 심지어 국제 표준으로도 만들어져 있습니다.

예를 들어 산업 현장에 반드시 비치해야 하는 물질안전보건자료, MSDS가 있습니다. 이건 현장에서 일하는 사람들 모두가 읽을 수 있어야 하고 명확해야 하고 이 내용에 따라 대처할 수 있어야 합니다. 그래서 MSDS를 작성하는 모든 방법이 법률이나 국제 표준으로 다 정해져 있습니다. MSDS는 법률에 따라 화학제품과 회사 정보, 위험성 확인, 성분 및 함량, 응급조치 요령 등 16개 항목, 72개 세부 항목으로 구성되어 있습니다. 또한 각국의 MSDS 규정, 예를 들어 GHS, OSHA, ISO 등을 확인하고 준수해야 합니다.

전자제품 사용 설명서도 마찬가지입니다. 국제 표준으로 IEC/IEEE 82079-1이란 국제 표준이 있고, 국내 표준에서도 KS C IEC 82079-1이 있습니다. 이 표준에 따르면 제품 설명서를 작성할 때 제목 및 표지, 목차, 안전 정보, 제품 및 시스템 설명, 설치 지침, 사용 방법, 유지보수 및 점검, 문제 해결, 부록, 참조 자료, 보증 및 서비스 정보, 용어 및 정의를 넣어야 합니다.

이렇듯 기술 문서를 작성할 때 가장 기본이 되는 것은 포괄성입니다. 이 포괄성은 문서가 사용자에게 제공해야 할 모든 정보가 빠짐없이 포함되는 것을 의미합니다. 사용자, 설치자, 유지보수 담당자 등 문서의 모든 독자가 제품, 시스템, 또는 서비스를 제대로 이해하고 사용할 수 있도록 하는 핵심 원칙입니다.

포괄성은 기술 문서에서 여러 가지로 표현될 수 있습니다. 예를 들어 기능적 포괄성이라는 것이 있습니다. 제품의 모든 기능을 상세히 설명하는 것입니다. 어떤 기능을 누락시켜서는 안 됩니다. 단계적 포괄성이란 것도 있습니다. 사용자가 처음부터 끝까지 모든 단계를 따라할 수 있도록 상세한 지침을 제공하는 것입니다.

그러면 이런 포괄성을 가진 기술 문서를 어떻게 LLM을 활용해서 작성하는지 바로 알아보겠습니다.

예를 들어 노트북 사용 설명서를 작성한다고 해보겠습니다. 이때 노트북 사용 설명서를 써달라고 하기 전에, 노트북 사용 설명서와 관련한 국내외 표준을 알려달라고 먼저 요청합니다.

 나는 노트북 제조업체에서 일한다. 새로 개발한 노트북의 사용 설명서를 작성해야 한다. 이와 관련한 국내외 표준을 알려줘.

이제 이 표준을 기반으로 포괄성을 가진 사용 설명서를 만들어달라고 합니다.

 위 표준을 기반으로 중요 정보가 누락되지 않도록 포괄성을 가진 사용 설명서 목차를 만들어줘.

그런데 이렇게 만든 목차라 할지라도 포괄성을 충분히 보장할 수는 없습니다. 그래서 사람이 검토해야 하지만, LLM에게 검토를 요청하는 것도 좋은 방법입니다.

위 표준을 기반으로 중요 정보가 누락되지 않도록 포괄성을 가진 사용 설명서 목차를 만들어줘.

위 목차가 포괄성을 가지는지 다시 한번 검토해줘.

이제 목차를 보고 하나씩 포괄성을 가진 세부 목차를 달라고 요청합니다.

안전 목차와 관련한 세부 목차를 알려줘. 중요 정보가 누락되지 않도록 포괄성을 확보해서 줘.

이제 이 세부 목차를 기반으로 초안을 작성해달라고 하겠습니다.

이 목차를 기반으로 초안을 작성해줘.

기술 문서에서 가장 중요한 원칙은 포괄성입니다. 중요 정보가 누락되면 추후에 법적인 문제로까지 이어질 수 있기 때문에 포괄성이 가장 중요합니다. 그런데 엔지니어나 IT 개발자들은 글쓰기나 법적 내용을 잘 모르는 경우가 많습니다. 이때 LLM을 활용해서 기술 문서의 포괄성을 확보할 수 있습니다.

35

기술 문서에서
나열 순위 정하기

여러분, 어떤 비슷한 내용을 나열할 때 순서를 어떻게 정하시나요? 예를 들어 휴대전화나 태블릿, 배터리 등을 사용할 때 '안전을 위한 주의 사항'이라는 문서를 작성하는데, 경고 사항이 10여 가지 있다고 해보겠습니다. 그러면 어떤 것을 맨 먼저 쓰고 어떤 것을 맨 마지막에 써야 할까요?

글을 쓸 때 한 목차나 항목에 나열해야 할 것이 많을 때 보통은 그냥 나열합니다. 하지만 사람들은 5가지 이상으로 나열돼 있는 글을 보면 다 읽지 않습니다. 많이 읽어야 3~4개입니다. 따라서 사용자가 읽어야 하는 단문이 10개가 있다면 그중 사용자가 반드시 읽어야 하는 것을 상위에 적어야 합니다. 결국 나열 순위 문제입니다.

이때 나열 순위를 어떻게 정해야 할까요? 사실 순위를 정하는 방법은 다양합니다. 위험성이 큰 것을 먼저 적을 수도 있고, 발생 가능성이나 빈도가 높은 것을 먼저 적을 수도 있습니다. 심지어는 문장의 글자 수가 적은 것을 먼저 나열하는 것도 하나의 방법일 수 있습니다.

사실, 기술적으로는 얘기해야 할 것이 많기 때문에 무엇을 먼저 적느냐 하는 것은 항상 고민입니다. 이때 LLM이 우선순위를 어느 정도 정해줄 수 있습니다. 바로 알아보겠습니다.

여러분이 전자제품 안전 유의사항을 문서로 만들어서 사용자에게 배포해야 한다고 해보겠습니다. 안전 유의사항에는 경고도 있고 주의도 있고 유의도 있고 알아두면 좋은 것도 있습니다. 이때 경고에 해당하는 내용이 다음과 같이 있다고 해보겠습니다.

- 손상된 전원 코드나 플러그, 헐거운 콘센트는 사용하지 마세요.
- 젖은 손이나 다른 신체 부위로 제품, 전원 코드, 플러그, 콘센트를 만지지 마세요.
- 전원 코드 부분을 무리한 힘을 주어 잡아당겨 빼지 마세요.
- 전원 코드를 무리하게 구부리거나 망가뜨리지 마세요.
- 충전 중인 상태에서는 젖은 손으로 제품을 사용하지 마세요.
- 충전기의 음극 단자와 양극 단자를 직접 연결하지 마세요.
- 실외에서 천둥, 번개가 칠 경우 제품을 사용하지 마세요.
- 액세서리 및 부속품은 반드시 삼성전자에서 제공하거나 승인한 정품을 사용하세요.
- 제품이나 배터리를 뒷주머니에 넣거나 허리 등에 차지 마세요.
- 제품을 떨어뜨리는 등 심한 충격을 주지 마세요.
- 제품을 사용하거나 분리 배출할 때는 다음 사항에 주의하세요.

문제는 이 많은 내용을 독자가 다 읽지 않는다는 겁니다. 실제로 여러분은 몇 개까지 읽으셨나요? 아마 많아야 5개, 적으면 1~2개만 읽고 다음 문단으로 내려왔을 겁니다.

사실 사용자가 이 경고 내용을 모두 읽을 거라 기대하는 사람은 없습니다. 그렇다면 일단 중요한 것 3개 정도라도 맨 위에 배치하면 읽을 확률이 높아지지 않을까요? 80 대 20 파레토 법칙을 생각하면, 경고로 적은 내용의 20%가 실제 현실에서 일어나는 안전 사고의 80%와 관련 있는 것이니 최소한 상위 3개라도 읽게 만들면 그나마 나은 셈입니다. 그렇다면 무엇을 상위 3개로 올려야 하냐는 고민에 빠집니다.

이때 LLM의 도움을 받으면 좋습니다. 일단 경고 목록을 주고 우선순위를 정하는 기준을 달라고 해보면 좋습니다.

제품 안전 설명서에 다음과 같은 경고 내용을 적으려고 한다. 경고 내용이 많지만 우선 순위에 따라 순서를 바꾸려고 한다. 어떤 우선 순위 기준이 있을까?
[경고 목록]

LLM은 다양한 우선순위를 제안해 주면서 주요 우선순위도 알려줍니다. 그러면 그 우선순위로 경고 목록의 순서를 정해달라고 해보겠습니다.

좋아. 그 기준으로 경고 목록의 순서를 조정해줘.

그런데 이런 식으로 순서를 정했더라도 나열이 주는 문제점을 해결하기는 어렵습니다. 즉, 사용자가 상위 몇 개만 읽고 나머지는 안 읽는다는 겁니다. 따라서 나열을 하더라도 카테고리를 나눠서 하는 것이 더 낫습니다.

카테고리를 3개로 나누고, 마지막 카테고리는 기타로 해서 다시 줘.

이제 각 카테고리에서 목록을 3개로 요약해달라고 해보겠습니다.

각 카테고리에서 목록을 최대 3개로 요약해줘.

여기서 나아가 독자에 따라 다른 나열 순서를 만들 수도 있습니다. 예를 들어 독자가 전자제품 개발자일 수도 있고, 청소년일 수도 있습니다. 이때 각 독자에 맞춰 먼저 알려줄 경고가 무엇인지 물어보는 것도 좋습니다.

 독자가 전자제품 개발자거나 청소년일 수 있다. 각각의 경우 먼저 알려줘야 할 경고 3개를 표로 보여주고 근거를 알려줘.

기술 문서는 뭔가를 잔뜩 나열해야 할 때가 많습니다. 이때 무엇이 중요한지 반드시 생각해야 합니다. 그래야 독자가 중요한 것을 먼저 읽을 수 있습니다. 하지만 무엇이 중요한지 우선순위를 생각해내는 일이 쉽지 않습니다. 그런데 LLM이 목록을 읽고 우선순위를 다 정해줍니다. 그에 맞춰서 나열 순서만 바꿔도 독자에게 훨씬 더 유익한 기술 문서가 될 것입니다.

36

2by2 매트릭스로 보고하기

여러분, 보고서에서 어떤 항목에 대해 여러 가지를 보고할 때 어떻게 보고하세요? 예를 들어 부서의 다음 달 마케팅 과제가 7가지 있고 이것을 하나씩 보고해야 한다고 해보겠습니다. 그러면 과제 1, 과제 2, 과제 3… 이런 식으로 하나씩 보고하면 될까요?

이럴 때는 거꾸로 생각해보면 좋습니다. 여러분이 부서장이고 부서원이 내년 마케팅 과제를 7가지 보고한다고 합니다. 그러면 하나씩 듣는 것이 과연 좋을까요?

어떤 것을 보고할 때는 체계를 가지고 보고하는 것이 좋습니다. 과제 7개를 그냥 보고하는 것이 아니라 어떤 체계를 가지고 보고하는 겁니다. 예를 들어 중요한 것을 먼저 보고하거나, 2가지 카테고리로 나눠서 보고하거나 하는 것입니다. 이때 가장 좋은 체계를 선택하라고 하면 두 가지 기준을 가지고 4분면을 만들어서 각 분면별로 설명하는 것이 가장 좋습니다. 즉, 2by2 매트릭스로 설명하는 것이 가장 체계적입니다.

문제는 2by2 매트릭스를 만들기가 쉽지 않다는 겁니다. 하지만 LLM에게 과제를 주면 아주 쉽고 빠르게 2by2 매트릭스로 분류해 줍니다. 자세히 알아보겠습니다.

2by2 매트릭스, 또는 2x2 매트릭스는 두 개의 평가 기준을 각각 높음과 낮음의 범주로 묶어서 분면을 4개로 분류해서 살펴보는 간단한 분석 도구입니다. 복잡하거나 다양한 정보를 시각적으로, 그리고 개념적으로 한눈에 볼 수 있습니다. 게다가 각 분면에 들어가는 항목의 특성을 쉽게 설명할 수 있고 우선순위도 바로 정할 수 있습니다. 보고 받는 사람이 이해하기도 쉽고 의사결정에도 도움을 줍니다.

2by2 매트릭스의 대표적인 예로는 BCG 매트릭스가 있습니다. 시장 점유율의 높고 낮음, 그리고 시장 성장률의 높고 낮음을 축으로 삼아서 제품이나 사업 부문을 스타(Star), 캐시카우(Cash Cow), 문제아(Question Mark), 개(Dog)와 같이 네 가지로 나누어 분석합니다. 또 대표적인 예로 우선순위를 정할 때 많이 쓰는 중요도-긴급도 매트릭스도 중요도의 높고 낮음, 긴급도의 높고 낮음으로 4개 분면을 나누는 방식입니다.

이런 2by2 매트릭스는 매우 심플하게 보이지만 막상 과제 7개를 가지고 기준이 되는 두 축을 정하고 각 분면에 배치하는 건 쉽지 않습니다. 우선 기준이 되는 축은 무한하게 설정할 수 있습니다. 그중 딱 2가지 기준을 선정하는 것도 쉽지 않습니다. 핵심 기준을 선정하지 않으면 억지로 매트릭스를 만든 것처럼 되어 버리기도 합니다.

그래서 2by2 매트릭스는 혼자 하는 것보다 여러 사람과 논의하면서 하는 것이 좋습니다. 하지만 현실에서는 쉽지 않습니다. 이때 LLM을 활용하면 좋습니다. 기준을 설정하는 것부터 만드는 것까지 한 번에 LLM이 다 해줄 뿐만 아니라, 금방 다른 기준으로 새로운 매트릭스도 만들어줍니다.

2by2 매트릭스를 만드는 순서는 크게 두 가지입니다. 먼저 기준을 정해서 4개 분면을 만든 다음, 각 분면에 어떤 내용을 넣을지 결정하는 방법이 있습니다. 다른 방법은 내용을 먼저 나열한 다음 그 내용을 두 가지로 분류하고, 분류한 것을 다시 각각 두 가지로 분류하는 방법이 있습니다. 여기서는 보고이기 때문에 마케팅 과제 7가지가 있다고 보고 분류하는 것을 먼저 해보겠습니다.

LLM에게 과제 목록을 주고 2by2 매트릭스를 만들어달라고 해보겠습니다.

다음은 우리 부서의 다음 달 마케팅 과제다. 2by2 매트릭스를 만들어서 과제를 배치해줘.

SNS 브랜드 분석
간단한 고객 설문조사 작성
경쟁사 비교표 만들기
시장 니즈 파악을 위한 커뮤니티 조사
SNS 게시물 기획안 만들기
간단한 광고 문구 제작
소비자 구매 여정(Customer Journey) 그려보기

그러면 LLM이 적절한 기준을 선택해서 2by2 매트릭스를 만들어줍니다. 또한 X축과 Y축의 기준을 잘 설명해줍니다.

만약 기준을 바꾸고 싶다면 다른 기준을 알려달라고 하면 됩니다. 이때 다른 기준을 3가지 정도 알려달라고 하고 장단점을 비교해 달라고 하면 좋습니다.

다른 기준은 뭐가 있지? 앞에서 말한 기준을 포함해서 3가지를 알려주고, 각 기준의 장단점을 표로 설명해줘.

이제 각 기준의 장단점을 보고 적절한 기준을 선택하면 됩니다. 만약 적절한 기준이 없다면 기준을 더 달라고 하면 됩니다.

이번에는 구분을 먼저 해보겠습니다. 즉, 2by2 매트릭스를 먼저 만든 다음 과제를 배치하는 겁니다. 이때는 과제가 없으므로 대강 우리가 무엇을 하려고 하는지 알려주면 좋습니다.

우리 부서는 전자제품을 판매하는 마케팅팀이다. 다음 달 마케팅 과제를 보고하기 위한 2by2 매트릭스를 만들어줘.

만약 기준이 마음에 든다면 그대로 진행하고, 마음에 들지 않는다면 앞에서 얘기한 대로 기준을 여러 개 달라고 하고 비교하면 됩니다.

다른 기준은 뭐가 있지? 앞에서 말한 기준을 포함해서 3가지를 알려주고, 각 기준의 장단점을 표로 설명해줘.

2by2 매트릭스는 잡다한 것을 보고할 때 아주 강력한 보고 틀입니다. 단순히 항목을 나열해서 보고해도 되는 상황이라도 2by2 매트릭스를 만들어서 보고하는 것이 좋습니다. 상사가 하는 말 중에 이런 말이 있습니다. "당신 보고서를 보면 고민한 흔적이 안 보인다." 이 말은 항목을 단순히 나열해서 보고했을 때 하는 말입니다. 같은 보고라도 일부러 2by2 매트릭스 같은 틀로 보고하면 고민한 흔적이 아주 많이 느껴집니다. 그런데 이런 고민을 이제는 LLM과 하면 됩니다. 확실히 투입 대비 효과가 큽니다. 지금 바로 써 보기 바랍니다.

37

데이터 표현 방법 선택하기

여러분, 월별 매출이나 판매량 같은 데이터를 보고할 때 차트 많이 그리시죠? 그런데 혹시 막대 차트를 그리나요? 아니면 선 차트를 그리나요? 막대나 선의 색깔은 어떻게 정하나요? 혹시 추세선을 추가하나요? 왜 그렇게 하시나요?

많은 직장인이 데이터를 표현할 때 차트를 많이 씁니다. 표보다 시각적으로 한눈에 보이고 메시지가 강렬하기 때문입니다. 그런데 메시지 없이 단순히 그림으로 보여주기 위해 차트를 그리는 경우도 적지 않습니다. 심지어는 줄글로 쓰면 될 것을 굳이 차트를 만드느라 보고서 작성 시간만 늘어납니다.

보고를 받는 부서장이 왜 차트로 그렸냐고 물어보면 딱히 대답할 것이 없습니다. 그냥 한눈에 보기 쉬워서 차트로 그렸다고 얘기하기에는 궁색합니다. 확실한 메시지가 없는데 굳이 차트로 그릴 이유는 없습니다.

데이터를 어떻게 표현해야 하는지부터 왜 차트로 표현했는지, 왜 막대 차트를 썼는지, 왜 그 색깔을 사용했는지… 이런 질문을 받았을 때 대답을 명확히 하지 못하면 보고서를 제대로 쓴 것이 아닙니다.

이때 LLM의 도움을 받으면 좋습니다. 같은 데이터라도 줄글, 표, 차트로 다양하게 표현할 수 있을 뿐 아니라 그 근거도 어느 정도 상세히 알려줍니다. 자세히 알아보겠습니다.

예를 들어 아주 간단한 데이터부터 보겠습니다. 1월에 매출 98억, 2월 매출 99억인데 이걸 보고서에 표현한다고 해보겠습니다. 어떻게 표현하는 게 좋겠습니까? 혹시 차트를 먼저 생각했나요? 그렇다면 차트를 그릴 수 있을 겁니다.

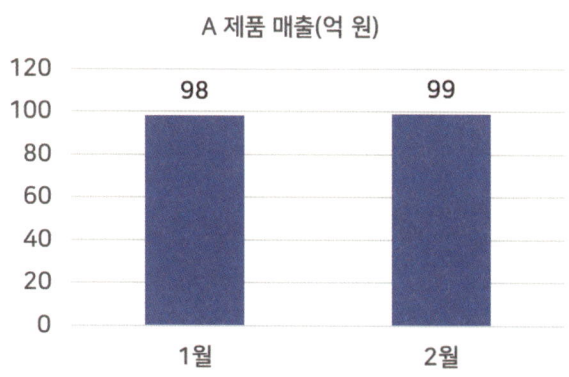

차트를 보면 1월에 98억, 2월에 99억 매출이 나왔습니다. 그런데 그래서요? 차트가 보여주려고 하는 게 도대체 뭐죠? 사실 이런 내용은 그냥 이렇게 줄글로 써도 됩니다.

- A제품 매출: 1월 98억, 2월 99억

또는 간단한 표로 보여줄 수도 있습니다.

구분	1월	2월
A제품 매출(억 원)	98	99

그렇다면 어떤 경우에 차트를 써야 할까요? 2월 매출이 1월의 2배가 된다면 어떨까요? 이때는 차트가 그 차이를 극명하게 보여줍니다. 예를 들어 1월에 50억, 2월에 100억이라고 해보겠습니다. 그러면 이 차이를 확실히 보여줄 때는 줄글보다 차트가 훨씬 낫습니다.

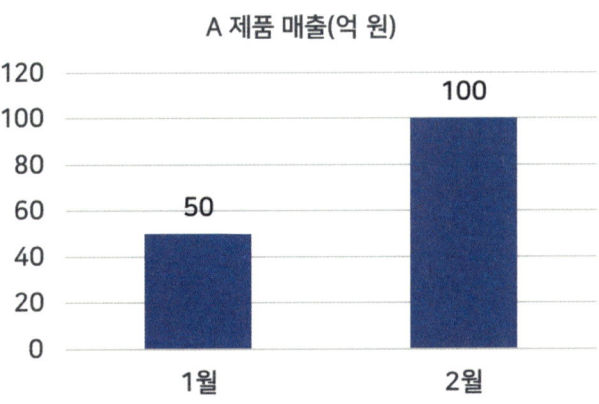

어떤 데이터든 줄글이나 표, 차트로 보고할 수 있습니다. 이때 어떤 형식을 선택해야 할지 고민이 많습니다. 이럴 때 LLM에게 물어보면 어떨까요? 데이터를 주고 어떤 식으로 보고서에서 표현하면 좋을지 물어보면 LLM이 아주 친절하게 근거와 함께 잘 알려줍니다.

이때 우리가 데이터만 LLM에게 줄 것이 아니라 우리의 의도나 메시지를 같이 알려주는 것이 좋습니다. 그래야 우리의 의도나 메시지에 맞춰서 표현 방법을 추천해주기 때문입니다. 바로 해보겠습니다.

A제품의 1~2월 매출을 알려주고 보고서에서 표현하는 방법을 먼저 물어보겠습니다.

 A제품 매출이 1월 98억, 2월 99억이다. 이 내용을 보고서에서 표현해야 한다. 어떤 표현 방법이 있을까? 3가지만 알려줘.

이때 우리가 주고자 하는 메시지를 알려주고 적절한 표현 방법을 선택해달라고 합니다. 예를 들어 우리는 매출 변화가 미미하다는 것을 보여주려고 한다고 해보겠습니다.

매출 변화가 미미하다. 이때 어떤 표현 방법이 좋을까? 하나만 선택하고, 근거를 알려줘.

이번에는 매출 변화가 클 경우에는 어떤 표현 방법이 나은지 물어보겠습니다.

만약 매출이 1월 70억이고 2월 99억이어서 매출이 크게 신장되었다는 것을 얘기하고 싶다면 어떤 표현 방법이 나올까? 하나만 선택하고 근거를 알려줘.

이제 이 차트에서 변화를 부각하기 위해 추가하거나 변경할 요소가 뭐가 있는지 물어봅니다.

이 차트에서 변화를 부각하기 위해 추가하거나 변경해야 할 요소는 뭐가 있을까?

그러면 다양한 부각 요소를 알려줍니다. 이 중에서 몇 가지를 선택해서 차트에 추가하거나 수정하면 됩니다.

보고서에 데이터를 표현하는 방법은 다양합니다. 하지만 으레 과거에 했던 표현 방법을 답습하거나 템플릿이 정한 대로 따르는 경우가 많습니다. 하지만 데이터를 표현할 때는 반드시 의도나 메시지가 있어야 합니다. 거기에 맞춰서 데이터를 표현해야 합니다. 이때 LLM에 물어보면 표현 방법도 알려주고 근거도 잘 설명해 줍니다. LLM을 활용해서 보고서에 데이터를 표현해 보기 바랍니다.

6

보통 직장인의 IT력을 높이는 인공어 프롬프트

38 _ 다양한 인공어를 적극 사용하자
39 _ VBA로 엑셀 반복 작업 자동화하기
40 _ VBA로 윈도우 파일 관리 자동화하기
41 _ VBA로 파워포인트 서식을 한 번에 바꾸기
42 _ VBScript로 실행 파일 만들기
43 _ VBS와 작업 스케줄러로 작업 예약하기
44 _ JavaScript 라이브러리로 차트 그리기
45 _ Mermaid 텍스트로 다이어그램 그리기

38

다양한 인공어를
적극 사용하자

강의하면서 가끔 LLM이 가장 잘하는 언어가 뭔지 학습자에게 묻습니다. 대부분 영어, 중국어, 일본어, 한국어를 얘기합니다. 하지만 LLM이 가장 잘하는 언어는 이런 자연어가 아니라 인공어입니다.

자연어는 인간이 일상 생활에서 소통을 목적으로 사용하는 언어로, 특정 지역이나 문화권에서 자연스럽게 발전한 언어를 말합니다. 한국어, 영어, 중국어같이 우리가 일상적으로 사용하거나 언어 영역에서 배운 것이 자연어입니다. 이런 자연어를 사람이 임의로 만들 수 있습니다. 이런 것을 인공언어, 또는 인공어라고 합니다.

인공어는 여러 종류가 있지만 크게 예술어, 국제보조어, 공학언어로 나뉩니다. 예술어는 소설이나 영화에 자주 나옵니다. 소설 《반지의 제왕》에서 엘프족이 사용하는 엘프어나 영화 「아바타」에서 나비족이 사용하는 언어 같은 것이 예술어입니다. 문학이나 철학, 영화 등에 사용하기 위해 작가나 전문가가 임의로 만든 언어입니다. 국제적 보조어는 국제적인 의사소통을 쉽게 하기 위해 만들어진 언어입니다. 대표적으로 에스페란토나 국제 수화 등이 있습니다.

마지막으로 공학언어가 있습니다. 가장 대표적으로 수식이 있습니다. 간단한 사칙연산나 엑셀 수식이나 함수도 사실은 공학언어입니다. 수나 양을 숫자나 문자로 표현하고 이를 연산 기호로 연결한 것인데, 사람들이 임의로 만들어서 공용화한 것입니다. 사람이 컴퓨터와 소통하기 위해 만든 프로그래밍 언어도 대표적인 공학언어입니다. 문서의 구조나 내용을 설명하는 마크업 언어, 내용이 모니터에 표시되는 방법을 기술하는 스타일 언어도 모두 공학언어입니다.

예를 들어 브라우저에서 네이버나 구글에 접속해서 소스코드를 보면 문서의 실제 내용이 HTML, CSS, JavaScript로 이루어진 것을 볼 수 있습니다. 여기서 HTML은 마크업 언어이고, CSS는 스타일 언어입니다. 마지막으로 JavaScript는 프로그래밍 언어입니다.

우리가 영어로 글을 읽거나 쓸 수 있으면 꽤 많은 지식을 얻거나 일을 더 효율적으로 할 수 있는 것처럼, 공학언어를 읽거나 쓸 수 있으면 비즈니스에서 업무 효율을 굉장히 높일 수 있고, 완전히 새로운 능력을 가질 수 있습니다.

예를 들어 엑셀에서 함수를 사용해서 데이터를 다룰 때 함수를 잘 알면 데이터 다루기가 훨씬 더 쉽고 빨라집니다. 그런데 수백 가지나 되는 함수를 일일이 다 외울 수 없습니다. 이때 필요한 함수를 LLM에 물어보면 됩니다. 예를 들어 VLOOKUP이라는 함수를 먼저 LLM에 물어보았습니다.

엑셀에서 VLOOKUP 함수를 설명해줘.

엑셀의 VLOOKUP 함수는 테이블의 첫 번째 열에서 특정 값을 찾고, 해당 값과 같은 행에 있는 다른 열의 데이터를 반환하는 함수입니다.
형식:
`=VLOOKUP(찾을값, 테이블범위, 열번호, [정확히일치여부])`

- 찾을값: 찾고자 하는 값
- 테이블범위: 검색할 데이터의 범위
- 열번호: 결과를 가져올 열의 번호(1부터 시작)
- 정확히일치여부: `TRUE`(근사값) 또는 `FALSE`(정확히 일치)

이제 실제로 이 함수를 이용해서 수식을 만들 수 있습니다. 예를 들어 엑셀 시트에서 A2에 있는 값(홍길동)이 B열에 있으면 C열의 가져올 값(40)을 출력하는 수식을 만들어달라고 해보았습니다.

A2에 있는 값이 B열에 있으면 C열의 값을 출력하는 수식을 VLOOKUP 함수를 사용해서 만들어줘

=IFERROR(VLOOKUP(A2, B:C, 2, FALSE), "")

이 수식을 사용하면 홍길동의 가져올 값 40을 쉽게 출력할 수 있습니다.

찾을값	검색할데이터의범위	가져올값		VLOOKUP예시
홍길동	김철수	10		40
	김영희	20		
	김바둑이	30		
	홍길동	40		
	이순신	50		

물론 여기서 IFERROR 함수를 쓰지 않고 그냥 =VLOOKUP(A2, B:C, 2, FALSE)를 써도 됩니다. 그런데 왜 IFERROR를 썼을까요? 그 이유를 LLM에게 물어보겠습니다.

왜 IFERROR 함수를 추가했어?

 IFERROR 함수를 추가한 이유는, VLOOKUP 함수가 값을 찾지 못했을 때 #N/A 오류를 반환하기 때문입니다. 이 오류는 셀에 그대로 표시되어 작업 흐름이나 보기 불편함을 초래할 수 있습니다. 이를 방지하고, 대신 깔끔하게 빈 문자열이나 원하는 메시지를 반환하려고 IFERROR를 사용한 것입니다.

예를 들어, IFERROR를 사용하지 않은 경우:
```excel
=VLOOKUP(A2, B:C, 2, FALSE)
```
- 만약 A2 값이 B열에 없으면 `#N/A`가 표시됩니다.

IFERROR를 사용한 경우:
```excel
=IFERROR(VLOOKUP(A2, B:C, 2, FALSE), "")
```
- A2 값이 B열에 없을 경우 빈 문자열(`""`)이 표시됩니다.

    보통 직장인 중에 엑셀 수식은 몇 개 쓸 수 있지만 복잡한 수식이나 프로그래밍 코딩 같은 것을 할 수 있는 분은 거의 없습니다. 하지만 LLM의 도움을 받으면 누구나 나만의 매크로 함수를 만들거나 프로그래밍을 할 수 있습니다. 특히 개발 환경을 따로 설치하지 않고 바로 쓸 수 있는 프로그래밍 언어로 VBA, VBScript, JavaScript 등이 있습니다. 이에 관해 다음 장부터 자세히 알아보겠습니다.

39

VBA로
엑셀 반복 작업
자동화하기

여러분, 혹시 지난주에 엑셀 데이터 합치고 쪼개고 복사해서 붙여 넣고 배경색 칠하고 하느라 고생하셨나요? 혹시 이번 주에도 엑셀 데이터 합치고 쪼개고 복사해서 붙여 넣고 배경색 칠하고 하느라 고생하시나요? 혹시 다음 주에도?

사실 많은 직장인이 엑셀이라는 도구를 사용하면서 단순 반복 업무를 많이 합니다. 엑셀은 야근을 먹고 자란다는 말도 있을 정도입니다. 하지만 엑셀에는 VBA라고 하는 프로그램 개발 환경이 있어서 엑셀 반복 작업을 얼마든지 자동화할 수 있습니다. 그런데 정작 많은 직장인이 이 VBA를 쓸 줄 몰라서 오늘도 엑셀에 시간을 허비하고 있습니다.

VBA는 마이크로소프트의 오피스 도구, 즉 엑셀, 파워포인트, 워드에서 매크로를 작성하거나 자동화하기 위한 프로그래밍 언어입니다. 그런데 직장인 대부분이 엑셀을 자주 쓰면서도 VBA 코딩을 배우지 못해서 일일이 손과 시간으로 때우고 있습니다. VBA 코딩을 조금만이라도 알면 엑셀 작업을 자동화할 수 있는데도 말입니다.

그런데 이제 누구나 VBA 코드를 짤 수 있습니다. LLM을 이용하면 1분도 안 돼서 원하는 자동화 코드를 짜서 엑셀 작업을 자동화할 수 있습니다.

예를 들어 여러분이 총무일을 맡으면서 사무실 비품 대장을 엑셀로 만들어 관리하고 있다고 해보겠습니다. 비품 대장은 비품코드, 비품명, 구매일자, 구매금액, 소유부서, 소유자, 현재상태, 비고 등으로 구성됩니다.

	A	B	C	D	E	F	G	H
1	비품코드	비품명	구매일자	구매금액	소유부서	소유자	현재상태	비고
2	ITM0001	무선공유기	2023-11-16	466684	마케팅파트	이영희	정상	
3	ITM0002	노트북	2023-09-01	749268	생산파트	김철수	폐기 예정	
4	ITM0003	노트북	2023-07-01	934644	기술파트	최지현	대여 중	
5	ITM0004	키보드	2022-06-22	1859460	생산파트	정우성	수리 중	
6	ITM0005	웹캠	2022-03-26	1097434	마케팅파트	박민수	대여 중	
7	ITM0006	웹캠	2022-03-12	1384138	영업파트	이영희	폐기 예정	
8	ITM0007	마우스	2023-08-24	1061072	마케팅파트	최지현	대여 중	
9	ITM0008	웹캠	2023-05-03	285537	생산파트	박민수	폐기 예정	
10	ITM0009	유선전화기	2022-07-21	1825055	마케팅파트	최지현	정상	

그런데 어느 날 상사가 비품 중에 현재 상태가 폐기 예정인 비품 목록에만 노란색을 칠해서 달라고 합니다. 그러면 여러분은 직접 폐기 예정인 것만 찾아서 노란색을 칠하거나 필터 기능을 써서 한 번에 색을 칠할 겁니다.

	A	B	C	D	E	F	G	H
1	비품코드	비품명	구매일자	구매금액	소유부서	소유자	현재상태	비고
2	ITM0001	무선공유기	2023-11-16	466684	마케팅파트	이영희	정상	
3	ITM0002	노트북	2023-09-01	749268	생산파트	김철수	폐기 예정	
4	ITM0003	노트북	2023-07-01	934644	기술파트	최지현	대여 중	
5	ITM0004	키보드	2022-06-22	1859460	생산파트	정우성	수리 중	
6	ITM0005	웹캠	2022-03-26	1097434	마케팅파트	박민수	대여 중	
7	ITM0006	웹캠	2022-03-12	1384138	영업파트	이영희	폐기 예정	
8	ITM0007	마우스	2023-08-24	1061072	마케팅파트	최지현	대여 중	
9	ITM0008	웹캠	2023-05-03	285537	생산파트	박민수	폐기 예정	
10	ITM0009	유선전화기	2022-07-21	1825055	마케팅파트	최지현	정상	

만약 폐기 예정인 것은 노란색으로, 대여 중인 것은 빨간색으로, 수리 중인 것은 파란색으로 칠하려면 어떻게 하는 것이 좋을까요? 물론 직접 눈으로 보고 칠해도 되고 필터를 써도 됩니다. 하지만 이렇게 반복하는 작업이라면 VBA를 쓰면 한 번에 해결됩니다.

또 소유 부서별로 비품을 시트로 쪼개서 달라고 하면 어떨까요? 구매일자별로, 비품명별로 파일을 따로 달라고 하면요? 또는 이런 비품 파일이 우리 팀뿐만 아니라 다른 팀도 있을 텐데, 10개 팀의 모든 비품을 엑셀 파일 하나로 합쳐달라고 하면요?

물론 이 경우 여러 방법이 있습니다. RPA, 즉 Robotic Process Automation이라는 자동화 도구를 쓸 수도 있고, Python 같은 프로그래밍 언어를 써서 코딩할 수도 있습니다. 그런데 RPA를 쓰려면 RPA 쓰는 법을 배워야 합니다. Python을 쓰려면 Python 개발 도구를 설치하고 환경을 설정해야 합니다.

VBA는 새로 배울 필요도 없고 설치할 것도 없습니다. 그냥 엑셀에 메뉴가 있어서 클릭하고 코드 넣고 실행하면 끝입니다. 다른 도구와 달리 오류도 그다지 많이 나지 않습니다. 게다가 매크로로 지정해서 버튼과 연결하면 이후에도 버튼 하나만 눌러서 원하는 자동화를 할 수 있습니다.

문제는 VBA 코드를 우리가 못 짠다는 데 있습니다. 그런데 LLM이 VBA 코드를 짜주기 때문에 이제 누구나 쉽게 VBA를 쓸 수 있습니다. 그럼 이제부터 VBA로 엑셀을 자동화해보겠습니다.

우선 비품 대장에서 현재 상태가 폐기 예정인 목록만 배경색으로 칠해 보겠습니다. 먼저 VBA 편집기를 엽니다. 엑셀에서 단축키 Alt+F11을 누르면 바로 VBA 편집기가 열립니다. 리본 메뉴에서는 [개발 도구] 탭을 눌러 맨 왼쪽에 있는 [Visual Basic]을 누르면 됩니다. 만약 메뉴 탭에서 [개발 도구] 탭이 보이지 않는다면 엑셀 [옵션]의 [리본 사용자 지정]을 클릭하고 오른쪽 리본 메뉴에서 [개발 도구]를 선택하면 됩니다.

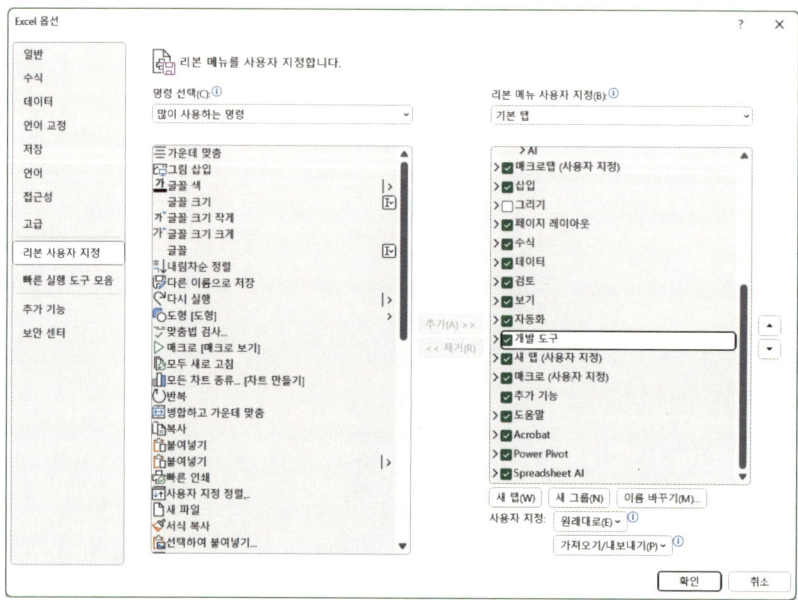

이제 VBA 편집기에서 프로젝트 탐색창에 있는 Sheet1을 더블 클릭합니다. 오른쪽에 코드창이 나타나면 여기에 VBA 코드를 입력하고 삼각형 모양의 실행 버튼을 누르거나 단축키 F5를 누르면 됩니다.

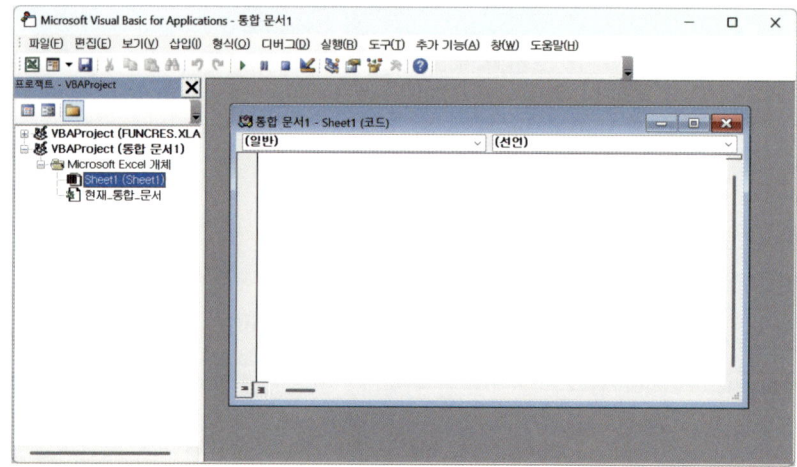

이제 코드를 LLM에게 달라고 해보겠습니다. 프롬프트는 이렇게 작성하면 됩니다. 먼저 애플리케이션 이름인 엑셀을 언급합니다. 그리고 엑셀이 원래 통합 시트여서 특정 시트 이름을 넣어줘야 합니다. 엑셀 시트 "Sheet1"과 같이 씁니다. 이때 시트 이름은 큰 따옴표로 감싸는 것이 좋습니다. 그다음에 현재 상태가 있는 G열에서 값이 폐기 예정인 것만 배경색을 노란색으로 칠하는 조건을 얘기하고 마지막에 VBA 코드를 달라고 하면 됩니다. 이때 값은 큰 따옴표로 감싸는 것이 좋습니다. 띄어쓰기나 대소문자를 구분하니 정확히 써줘야 합니다.

엑셀 시트 "Sheet1"에서 G열의 값이 "폐기 예정"인 모든 행의 배경색을 노란색으로 칠하는 VBA 코드를 짜줘.

그러면 LLM이 코드를 줍니다. 코드를 복사해서 앞에서 열어뒀던 VBA 편집기에 붙여 넣고 삼각형 모양의 실행 버튼을 누르거나 F5 키를 누릅니다. 그러면 현재 상태가 폐기 예정인 행만 모두 배경색이 바뀌는 것을 볼 수 있습니다.

그럼 이제 현재 상태가 대여 중이면 배경색을 빨간색으로, 수리 중이면 파란색으로 칠해 보겠습니다. LLM에게 다음과 같이 요청합니다.

엑셀 시트 "Sheet1"에서 다음 조건을 실행하는 VBA 코드를 짜줘.
- G열의 값이 "대여 중"인 모든 행의 배경색을 빨간색으로 칠해줘.
- G열의 값이 "수리 중"인 모든 행의 배경색을 파란색으로 칠해줘.

이제 소유자별로 시트를 쪼개는 것도 해보겠습니다. 중복이 있을 수 있으니 고윳값을 사용하면 됩니다.

엑셀 시트 "Sheet1"에서 G열의 고유값별로 시트를 분리하는 VBA 코드를 짜줘.

엑셀 파일로 쪼개고 싶다면 새 엑셀 파일을 만들고 해당 행을 모두 복사하는 VBA 코드를 짜달라고 합니다.

이렇게 만든 VBA 코드는 매크로로 바로 활용할 수 있습니다. 그런데 특정 열을 미리 지정하지 말고 사용자에게 열을 지정하게 한 다음 해당 열의 고윳값별로 새 시트를 만들어 보겠습니다.

먼저 LLM에게 코드를 달라고 하겠습니다.

 엑셀 시트 "Sheet1"에서 특정 열을 사용자에게 입력 받은 다음 해당 열의 고유값별로 새 시트를 분리하는 VBA 코드를 짜줘.

이 코드를 VBA 편집기에 입력하고 실행해 봅니다. 정상적으로 실행되는 것을 확인했으면 엑셀 [개발 도구] 탭의 [삽입]에서 단추를 선택합니다. 적절한 위치에 적절한 크기로 단추를 만든 다음 매크로 지정에서 방금 만든 코드 이름을 선택합니다. 단추 이름은 '시트 쪼개기'라고 씁니다. 이제 단추를 눌러서 열 번호 등을 입력하면 시트가 쪼개지는 것을 볼 수 있습니다.

마지막으로 저장할 때는 매크로가 저장되어야 하므로 [다른 이름으로 저장하기]를 선택해서 확장자가 m으로 끝나는 매크로 파일로 저장합니다.

엑셀에서 단순 반복하는 작업은 원래 VBA 코드를 짜서 매크로로 만들어 자동화할 수 있습니다. 그런데 많은 직장인이 VBA 코드를 짤 줄 몰라서 지금도 복사+붙여넣기 하느라 시간을 허비하고 있습니다. 이제 LLM이 VBA 코드를 잘 짜주니 VBA를 이용해서 자동화해 보기 바랍니다.

40

VBA로
윈도우 파일 관리
자동화하기

많은 분이 VBA는 엑셀에서만 쓰는 걸로 알고 있습니다. 하지만 실제로는 윈도우의 파일이나 폴더의 이름을 바꾸거나 파일 여러 개를 하나로 합칠 때도 쓸 수 있습니다.

예를 들어 엑셀 파일이 10개 있을 때 하나로 합치기 위해 복사와 붙여넣기를 안 해도 됩니다. 파일 이름 앞에 회사 이름을 넣을 때도 일일이 복사와 붙여넣기를 안 해도 됩니다. VBA를 쓰면 10초도 안 걸려 파일 이름을 바꾸고 여러 파일을 하나로 합칠 수도 있습니다.

예를 들어 한 폴더에 엑셀 파일이 일자별로 있다고 해보겠습니다. 9월 1일부터 9월 30일까지 한 달간 생산량 데이터입니다. 시스템에서 일별로 다운로드할 수밖에 없어서 일단 일별로 다운로드했지만, 하나로 합쳐서 9월 전체 생산량을 분석해야 한다고 해보겠습니다.

그러면 파일을 하나씩 열어서 합쳐야 합니다. 하지만 VBA를 사용하면 아주 쉽게 파일을 하나로 합칠 수 있습니다. 시트별로 나눠서 합칠 수도 있고,

열에 추가할 수도 있고, 각 열로 합칠 수도 있습니다. 파일 이름도 바꿀 수 있습니다. 예를 들어 파일 이름 앞에 분석용이라는 단어를 붙인다고 할 때 VBA를 쓰면 금방 할 수 있습니다.

우선 파일 이름부터 바꿔보겠습니다. 보다시피 파일이 30개 있습니다.

이름
20240901.xlsx
20240902.xlsx
20240903.xlsx
20240904.xlsx
20240905.xlsx
20240906.xlsx
20240907.xlsx
20240908.xlsx
20240909.xlsx
20240910.xlsx
20240911.xlsx
20240912.xlsx
20240913.xlsx

이제 각 이름 앞에 "분석용_"이라는 말을 집어넣어 보겠습니다. 방법은 간단합니다. LLM에게 폴더 경로를 알려주고 파일 이름 앞에 키워드를 입력하는 VBA 코드를 달라고 하면 됩니다.

 다음 폴더에 있는 모든 파일의 이름 앞에 "분석용_"를 추가하는 VBA 코드를 짜줘.
[폴더 경로]

이제 이 코드를 VBA 편집기에 넣어서 실행하면 됩니다. VBA 편집기를 열려면 빈 엑셀 파일을 하나 열어야 합니다. 엑셀 바로가기 아이콘 등을 눌러서 엑셀을 실행한 다음 빈 통합문서를 엽니다. 단축키 Alt+F11을 누르면 VBA 편집기가 열립니다. 왼쪽 프로젝트 창에서 Sheet1을 더블 클릭합니다. 오른쪽에 코드창이 나타나면 방금 복사한 VBA 코드를 붙여넣고 삼각형 모양의 실행 버튼을 누릅니다. 이제 폴더를 보면 모든 파일 이름 앞에 '분석용_'이 붙은 것을 볼 수 있습니다. 혹시 '분석용_'이 추가되지 않았다면 새로 고침을 해보면 됩니다.

그런데 여기서 문제가 생길 수 있습니다. '분석용_분석용_분석용_...'과 같이 추가한 단어가 반복되는 경우입니다. 또 런타임 오류가 나타날 수도 있습니다. 이때는 이 내용을 LLM에게 주고 코드를 수정해 달라고 하면 됩니다.

아니면 처음부터 '분석용_'이 있는 경우에는 추가하지 말라고 프롬프트를 작성하면 됩니다.

다음 폴더에 있는 모든 파일의 이름 앞에 "분석용_"를 추가하는 VBA 코드를 짜줘. 만약 파일 이름에 "분석용_"가 있을 경우 추가하지 말아줘.
[폴더 경로]

이번에는 이름을 바꾸는 코드를 요청해 보겠습니다. 이미 추가한 '분석용_'을 '임시_'로 바꿔보겠습니다.

다음 폴더에 있는 모든 파일의 이름에서 "분석용"을 "임시"로 바꾸는 VBA 코드를 짜줘.
[폴더 경로]

이번에는 파일을 하나로 합쳐보겠습니다. 일단 파일을 합치는 코드를 요청하는 프롬프트는 다음과 같습니다.

다음 폴더에 있는 모든 엑셀 파일을 하나로 합치는 VBA 코드를 짜줘.
[폴더 경로]

그런데 어떻게 합칠지 얘기해주지 않았습니다. 그러면 LLM이 임의의 방식으로 합치기 때문에 파일을 합치는 방법을 알려줘야 합니다. 시트별로 합치겠다면 파일 하나당 시트 하나씩 합쳐달라고 하면 됩니다. 시트 이름을 따로 지정하지 않으면 파일 이름이 시트 이름이 됩니다.

다음 폴더에 있는 모든 엑셀 파일을 하나로 합치는 VBA 코드를 짜줘.
파일 하나당 시트 하나씩.
[폴더 경로]

A열 왼쪽에 새 열을 추가해서 파일명의 연월일을 추가한 다음, 모든 파일을 같은 시트 아래 행에 추가하고 싶다면 일을 두 개로 나눠서 하는 것이 좋습니다. 먼저 모든 파일을 열어서 A열 왼쪽에 파일명의 연월일을 추가하는 코드를 요청합니다.

다음 폴더에 있는 모든 엑셀 파일의 첫 번째 시트에서 A열 왼쪽에 새 열을 추가한 다음 머리행에 "일자"로 입력하고 데이터가 있는 나머지 행은 파일명의 연월일을 입력하는 VBA 코드를 짜줘.
[폴더 경로]

이제 파일을 합치는 코드를 요청합니다.

다음 폴더에 있는 모든 엑셀 파일을 하나로 합치는 VBA 코드를 짜줘.
같은 시트에서 데이터를 추가해줘.

이렇게 VBA를 이용하면 파일 이름을 바꾸거나 하나로 합치는 일을 10초 만에 할 수 있습니다. 물론 윈도우 OS에서만 가능합니다. 그리고 당연한 말이지만 일단 코드를 실행하면 원래대로 복구할 수 없습니다. 그러니 항상 원본 파일을 건드리지 말고 복사본에서 작업하기 바랍니다.

41

VBA로
파워포인트 서식을
한 번에 바꾸기

여러분, 혹시 파워포인트에서도 VBA를 써서 서식을 한 번에 바꿀 수 있다는 사실 아세요? 많은 직장인이 파워포인트를 쓰면서도 이 사실을 몰라서 슬라이드가 수십, 수백 개인데 일일이 서식을 바꾸느라 곤혹을 치릅니다.

예를 들어 여러 사람이 같이 제안서를 나눠 쓰고 다시 합칠 때가 있습니다. 그때 파워포인트 슬라이드를 합쳤더니 글자 크기나 폰트나 위치 같은 것이 안 맞아서 마지막에 한 사람이 그것을 다 정리하느라 제안서 제출 전날 밤샌 적 있지 않나요?

그런데 이걸 VBA를 쓰면 자동화할 수 있습니다. 실제로 VBA는 MS 오피스, 즉 엑셀, 파워포인트, 워드 등에서 자동화할 때 쓰도록 만든 프로그래밍 언어여서 파워포인트와 워드에서도 쓸 수 있습니다. 그러면 어떻게 파워포인트에서 VBA를 쓰는지 자세히 알아보겠습니다.

예를 들어 다음과 같은 파워포인트 파일이 있다고 해보겠습니다. 보다시피 슬라이드 제목에 해당하는 텍스트를 보면 색깔이나 폰트, 위치가 제각각입니다. 첫 번째 슬라이드 제목은 검은색, 두 번째 슬라이드 제목은 파란색, 세 번째와 네 번째 슬라이드 제목은 빨간색이면서 폰트는 궁서체입니다. 네 번째 슬라이드 제목은 위치가 오른쪽으로 들여 쓰기 되어 있습니다.

또 실적 슬라이드의 표를 보면 같은 내용이 이어지는 표인데, 표 형식과 글자 색깔이 다릅니다.

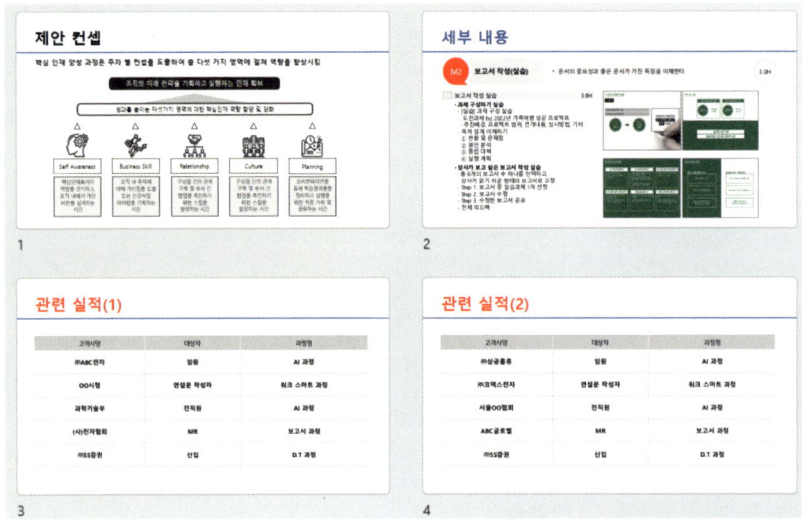

이를 바로잡으려면 사실 수작업으로도 금방 할 수 있습니다. 그런데 이런 슬라이드가 수십, 수백 개 있다면 어떨까요? 또 이런 작업을 매주 한 번 이상 해야 한다면 어떨까요? 당연히 자동화해야 합니다.

이때 파워포인트에서 쓸 수 있는 방법이 VBA입니다. VBA 코드를 짜서 실행하면 한 번에 모든 슬라이드의 제목 색깔이나 폰트, 위치를 통일할 수 있습니다. 표 서식도 한 번에 다 바꿀 수 있습니다.

그런데 문제가 좀 있습니다. 예를 들어 제목 텍스트의 색깔을 바꾸고자 했을 때 어떤 것이 제목인지 어떻게 알 수 있을까요? 제목이라는 글자가 쓰여 있지도 않은데, 어떻게 제목 텍스트인지 찾을 수 있을까요?

이런 식으로 파워포인트 슬라이드 안에 들어 있는 특정 요소를 찾을 때 나름 노하우가 좀 필요합니다. 예를 들어 제목을 찾을 때는 글자 크기가 어느 정도 이상인 것을 찾거나 슬라이드에서 맨 위에 있는 텍스트 상자를 찾으면 됩니다. 표 같은 경우도 단순히 테두리가 아니라 바깥쪽 테두리, 안쪽 테두리 같이 정확히 테두리 위치나 이름을 지정해 줘야 합니다. 그럼 바로 한 번 해보겠습니다.

　우선 파워포인트에서 VBA 편집기를 여는 것부터 해보겠습니다. 파워포인트는 이미 VBA를 쓸 수 있게 되어 있습니다. 단축키 Alt+F11을 누르면 바로 VBA 편집기가 나타납니다. 리본 메뉴에서 VBA 편집기를 열고자 하면 메뉴 탭에 있는 [개발 도구]를 선택하고 [Visual Basic] 메뉴를 클릭하면 됩니다. 만약 개발 도구 탭이 보이지 않으면 파워포인트에서 [옵션]의 [리본 사용자 지정] 메뉴에서 [개발 도구]를 체크하면 됩니다.

　이제 VBA 편집기가 나타나면 프로젝트 창에서 프로젝트를 선택하고 마우스 오른쪽 버튼을 눌러 [삽입] → [모듈]을 선택합니다. 그러면 오른쪽에 코드 창이 나타나는데, 여기에 VBA 코드를 넣고 삼각형 모양의 실행 버튼을 클릭하거나 단축키 F5를 누르면 됩니다.

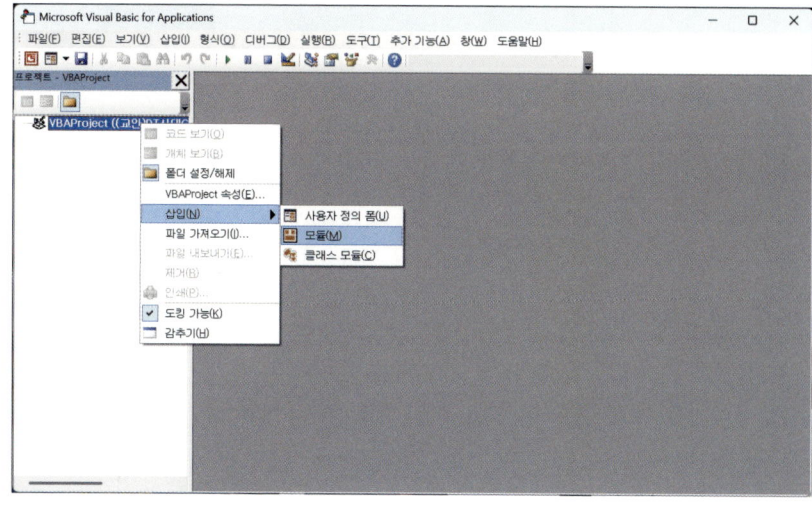

그럼 이제 LLM에게 VBA 코드를 달라고 해보겠습니다. 그 전에 제목을 찾기 위해 제목 텍스트 크기를 확인해 보겠습니다. 여기서는 40포인트를 사용했습니다. 따라서 텍스트 크기가 40포인트, 또는 40포인트가 넘는 글자를 찾아서 색깔을 바꿔달라고 하면 됩니다. 이때 파워포인트 모든 슬라이드라고 프롬프트에 입력해야 모든 슬라이드에서 동일하게 적용되는 VBA 코드를 줍니다. 그냥 파워포인트 슬라이드라고 하면 첫 번째 슬라이드에만 적용될 수 있습니다.

 파워포인트 모든 슬라이드에서 글자 크기가 40포인트 이상인 글자의 색깔을 모두 파란색으로 바꾸는 VBA 코드를 짜줘.

이제 코드를 복사해서 VBA 편집기에 붙여 넣고 실행하면 됩니다. 그러면 제목에 해당하는 글자의 색깔이 바뀐 것을 볼 수 있습니다.

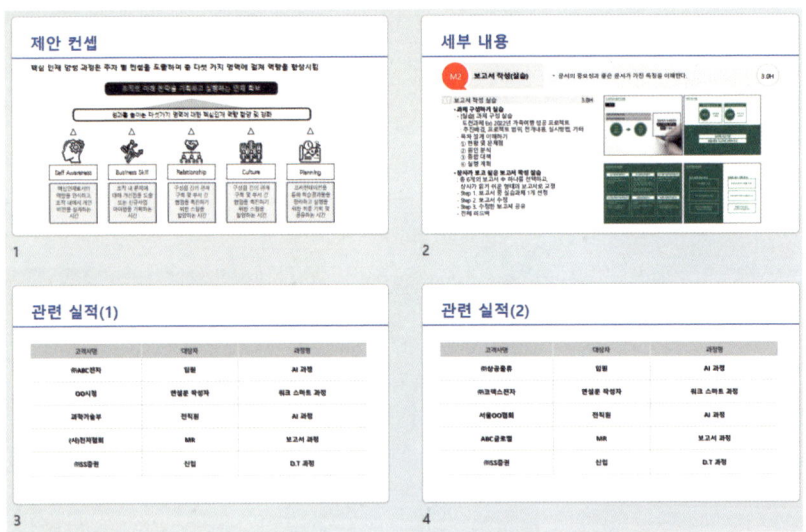

이번에는 제목 글자 폰트를 맑은 고딕으로 다 바꿔보겠습니다.

파워포인트 모든 슬라이드에서 글자 크기가 40포인트 이상인 글자의 글꼴을 모두 맑은 고딕으로 바꾸는 VBA 코드를 짜줘.

만약 글꼴이 안 바뀐다면 무엇이 바뀌고 무엇이 안 바뀌었는지 얘기해서 다시 코드를 받으면 됩니다. 특히 한글을 처리하는 게 다소 복잡하기 때문에 한글, 숫자, 기호 등이 같이 들어 있다고 얘기하고 코드를 달라고 요청합니다.

이번에는 표 서식을 통일해 보겠습니다. 일단 표의 테두리를 모두 없애 보겠습니다.

파워포인트 모든 슬라이드에서 모든 표의 모든 테두리를 없애는 VBA 코드를 짜줘.

이제 가로 테두리만 1px의 검은색으로 추가해 보겠습니다. 이때 표의 가로 테두리라고 하지 말고 표의 모든 셀의 테두리라고 하는 것이 좋습니다. 그리고 위쪽인지 아래쪽인지 분명히 언급하는 것이 좋습니다.

파워포인트 모든 슬라이드에서 모든 표의 모든 셀의 위쪽 테두리와 아래쪽 테두리를 1px 검은색으로 칠하는 VBA 코드를 짜줘.

만약 첫 번째 행의 배경색을 노란색으로 칠하겠다면 첫 번째 행의 모든 셀이라고 언급해서 지정하면 됩니다.

파워포인트 모든 슬라이드에서 모든 표의 첫 번째 행에 있는 모든 셀의 배경색을 노란색으로 칠하는 VBA 코드를 짜줘.

파워포인트 서식을 VBA를 사용해서 한 번에 통일하는 방법을 살펴봤습니다. VBA 코드를 짤 때 간혹 원하는 대로 되지 않거나 오류가 생길 수 있습니다. 하지만 파워포인트의 서식을 잘 이해하고 프롬프트를 작성하면 LLM이 어느 정도 잘 작동하는 VBA 코드를 짜 줍니다.

42

VBScript로
실행 파일 만들기

여러분, VBScript 아세요? MS가 초창기에 만든 프로그래밍 언어인 Visual Basic에서 파생된 언어입니다. Visual Basic은 그래픽 UI를 가진 애플리케이션 개발을 목표로 만들어진 언어입니다. 이런 Visual Basic을 기반으로 좀더 간소화된 스크립팅 용도로 만든 언어가 VBScript입니다.

VBScript는 윈도우 환경에서 시스템 관리나 응용 프로그램 제어 목적으로 사용되었습니다. 그런데 보안에 취약해서 최근에는 잘 쓰지 않습니다. 하지만 비개발자가 윈도우를 자동화할 때는 VBScript만큼 좋은 것이 없습니다. 따로 프로그램을 설치해야 하는 것도 아니고, VBScript 파일을 만드는 것도 메모장에서 그냥 저장만 하면 되기 때문에 사용하기가 무척 간단합니다.

특히 윈도우의 작업 스케줄러와 연결하면 일정한 시간에 VBScript가 자동으로 실행되게 할 수 있습니다. 윈도우에서 아무런 프로그램 설치 없이 자동화가 구현되는 겁니다. 문제는 VBScript를 짤 수 없다는 것이었는데, 이제 LLM이 VBScript를 짜 줍니다. 그래서 이제 윈도우 사용자는 누구나 아무런 제약 없이 자동화가 가능합니다. 바로 자세히 알아보겠습니다.

우선 VBScript를 작성해 보겠습니다. 윈도우에서 크롬 브라우저를 열어서 네이버에 접속하는 VBScript를 짜달라고 해보았습니다.

다음 행동을 하는 vbscript를 만들어줘.
- 윈도우에서 크롬 브라우저를 열어서 네이버에 접속하기

Set objShell = CreateObject("WScript.Shell")
objShell.Run "chrome.exe https://www.naver.com"

이 스크립트를 메모장에 입력하고 파일명은 openNaver로 하고 확장자는 vbs로 저장합니다. 수정이 필요하면 메모장에서 VBS 파일을 열어 수정할 수 있습니다.

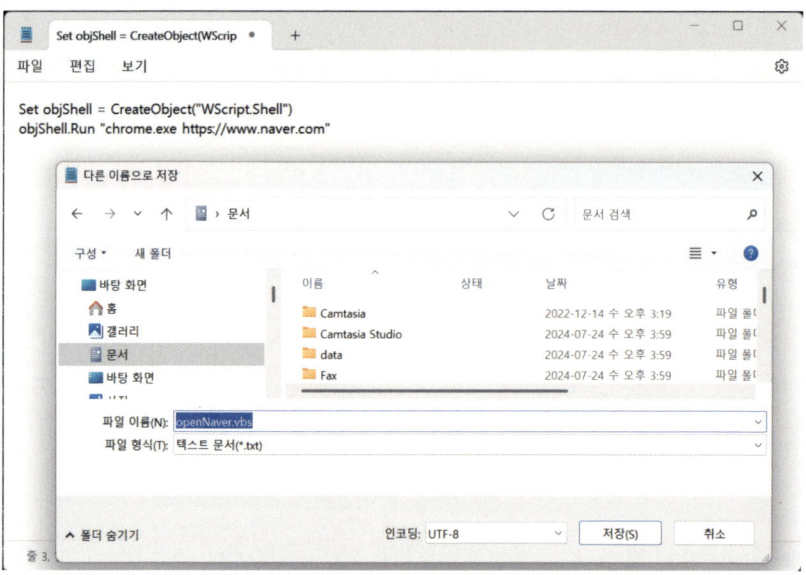

이제 파일 탐색기를 열어 해당 폴더로 이동한 다음 openNaver.vbs 파일을 더블 클릭하면 크롬 브라우저가 실행되고 네이버로 접속하는 것을 볼 수 있습니다.

새 탭을 추가해서 구글에 접속하는 것까지 하겠다면 지시를 추가해서 LLM에 요청하면 됩니다.

다음 행동을 하는 vbscript를 만들어줘.
- 윈도우에서 크롬 브라우저를 열어서 네이버에 접속하기
- 앞에서 연 브라우저에 새 탭을 추가하고 구글에 접속하기
- 새 탭을 또 추가하고 www.samsung.com에 접속하기

Set WshShell = CreateObject("WScript.Shell")
' 크롬 브라우저 실행 후 네이버 열기
WshShell.Run "chrome.exe https://www.naver.com"
' 새 탭 열고 구글 접속
WshShell.Run "chrome.exe --new-tab https://www.google.com"
' 새 탭 열고 삼성 사이트 접속
WshShell.Run "chrome.exe --new-tab https://www.samsung.com"

물론 특정 폴더에 있는 엑셀 파일을 하나로 합치는 코드도 가능합니다.

다음 행동을 하는 vbscript를 만들어줘.
- 다음 폴더에 있는 모든 엑셀 파일의 모든 시트를 하나로 합쳐서 "total.xlsx"로 저장하기
C:₩Users₩vitam₩abc/abcdefg

여기서 주의할 점이 있습니다. 폴더 경로에 한글이나 띄어쓰기가 들어가면 오류가 나니 영어로 띄어 쓰지 않은 폴더 경로를 사용해야 합니다. 한글이 깨져서 보이거나 한글 입력이 안 되는 경우에는 메모장에서 파일을 저장할 때 저장 옵션으로 UTF-8 대신 ANSI를 선택하면 됩니다. 또한 코드에서 컴파일 오류가 날 때가 있습니다. 일반적으로 폴더 경로, 파일명 등을 잘못 썼을 때는 '런타임 오류'가 납니다. 또한, 코드 자체가 잘못된 경우에도 '컴파일 오류'가 납니다.

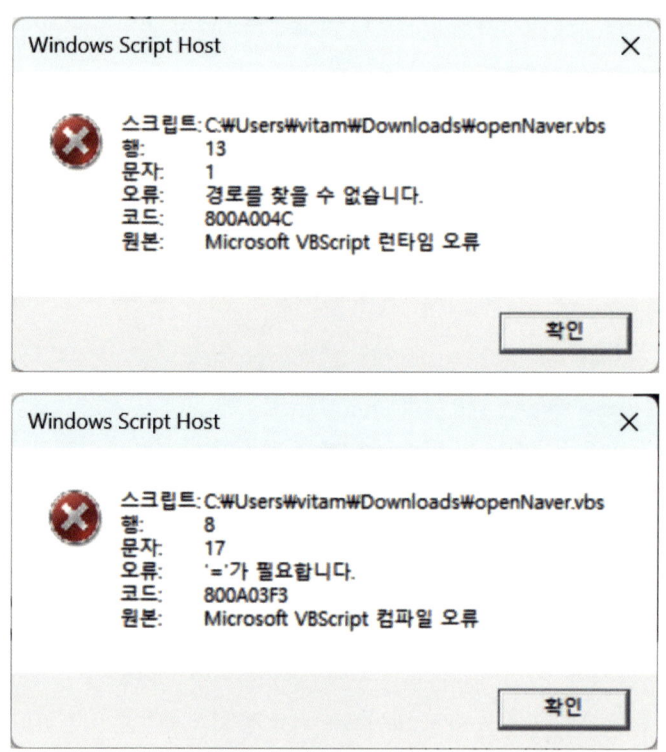

오류가 나면 행 번호와 문자 번호, 오류 내용과 원본에 있는 오류 종류를 코드와 함께 LLM에게 주고 다시 코드를 짜달라고 하면 됩니다.

 다음 코드에서 8행, 46문자에서 문자열 상수가 필요하다는 컴파일 오류가 난다. 코드를 다시 짜줘.

VBScript는 SAP 자동화에도 사용됩니다. SAP에서 반복 조회나 입력 등이 있을 때 VBScript로 녹화할 수 있습니다. SAP GUI에서 [로컬 레이아웃 사용자 정의]를 선택한 다음 [스크립트 녹음 및 재생]을 선택한 다음 녹화를 하면 됩니다.

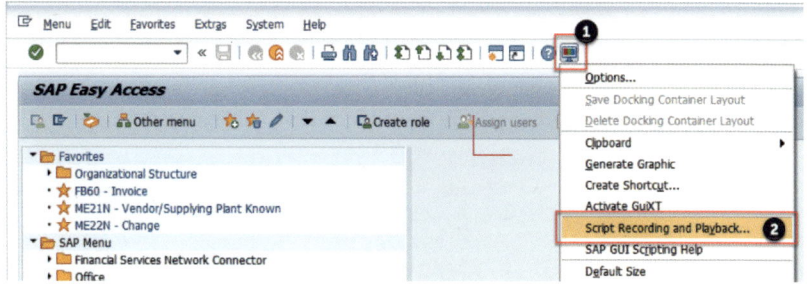

녹화 결과는 VBS 파일로 저장됩니다. 실행할 때도 해당 VBS 파일을 찾아서 실행합니다.

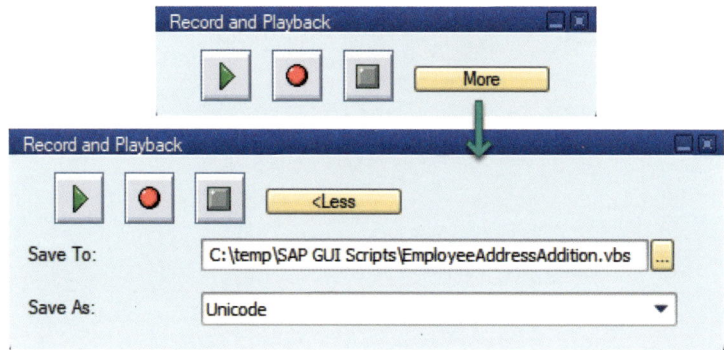

스크립트 녹화가 안 된다면 [로컬 레이아웃 사용자 정의]를 눌러 목록에서 [옵션]을 선택한 다음 [내게 필요한 옵션 및 스크립팅] 메뉴에서 [스크립팅]을 선택하여 [스크립팅 가능]만 체크하고 나머지 체크박스는 모두 해제합니다.

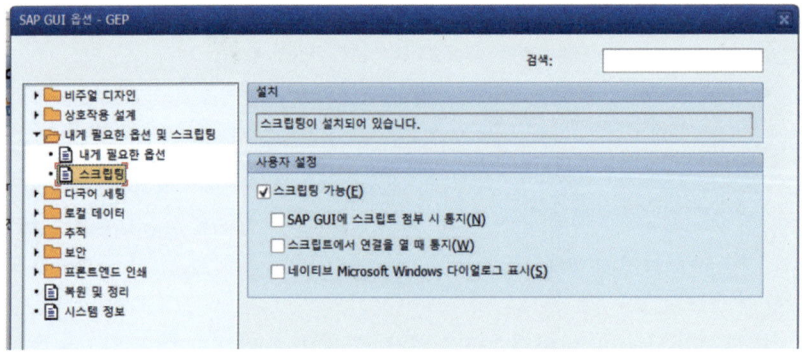

　　VBScript는 윈도우 스크립트 호스트에서 바로 실행할 수 있기 때문에 VBScript 코드만 작성할 수 있으면 윈도우에서 얼마든지 자동화를 할 수 있습니다. 윈도우 반복 작업이 많을 때 꼭 써 보기 바랍니다.

43

VBS와 작업 스케줄러로 작업 예약하기

VBA와 VBScript는 윈도우에서 비슷한 역할을 합니다. 그런데 사용처가 좀 다릅니다. VBA는 엑셀, 파워포인트, 워드 같은 애플리케이션에서 작동하기 쉽게 만들어졌습니다. 특히 VBA는 함수처럼 코드를 만들기 때문에 엑셀에서 매크로 함수로 지정해서 쓸 수 있습니다. VBScript는 VBS 파일로 저장해서 바로 실행이 가능하기 때문에 이런 스크립트 파일을 실행할 수 있는 윈도우 작업 스케줄러와 바로 연결해서 사용할 수 있습니다.

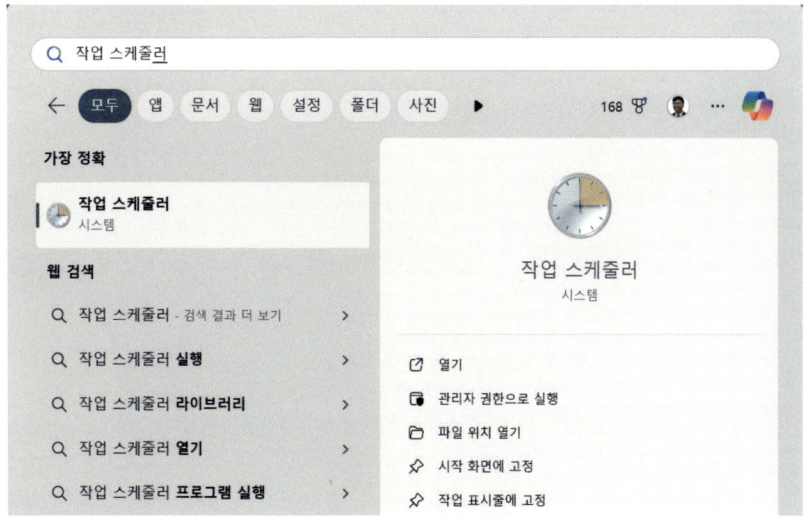

윈도우 작업 스케쥴러는 일정한 시간에 일정한 작업을 할 수 있게 해주는 윈도우 애플리케이션입니다. 특정 작업을 사용자가 지정한 조건에 따라 자동으로 실행하도록 설정할 수 있습니다. 예를 들어 매주 월요일부터 금요일까지 오전 8시 50분에 브라우저를 열어서 탭을 10개 추가하고 지정한 웹사이트 10곳에 접속하는 일이 가능합니다.

방법은 비교적 간단합니다. 작업 스케쥴러를 실행한 다음 왼쪽 폴더에서 마우스 오른쪽 버튼을 눌러 [작업 만들기]를 선택합니다.

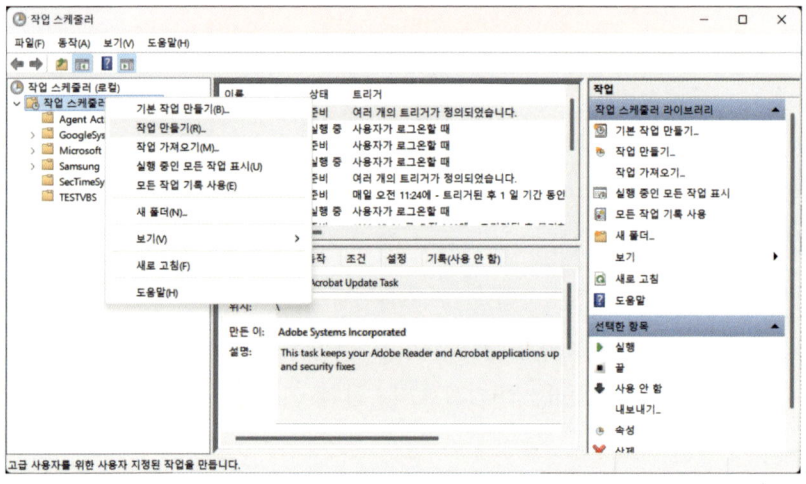

새 작업 만들기 화면이 나타나면 이름을 적절히 입력하고 [트리거] 탭을 선택합니다.

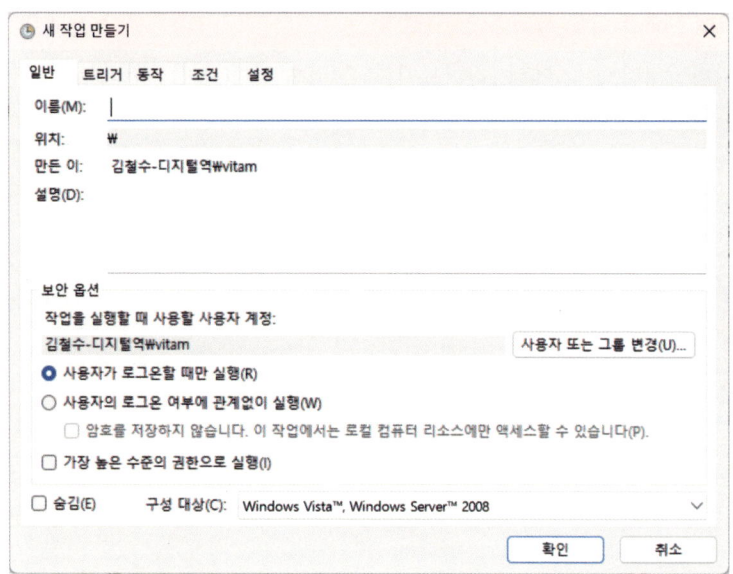

트리거 탭에서 [새로 만들기]를 클릭하면 새 트리거 만들기 화면이 나타납니다. 여기서 한 번, 매일, 매주, 매월 등의 주기를 설정하고 [확인]을 클릭합니다.

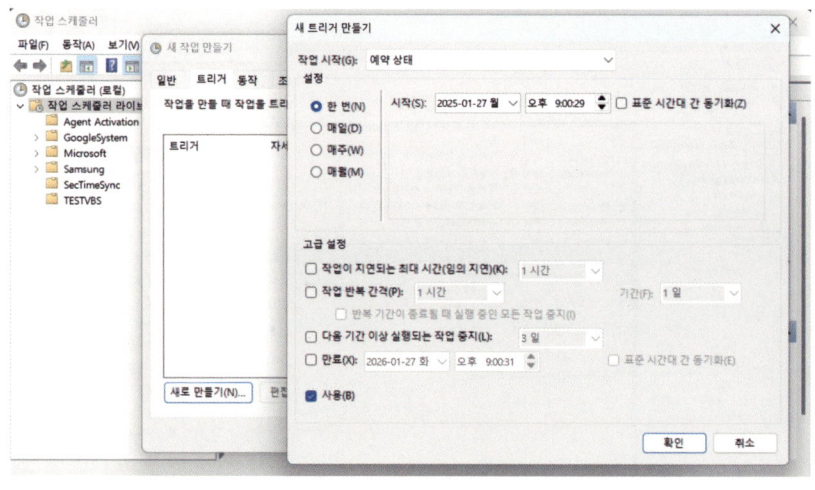

이제 [동작] 탭을 선택하여 [새로 만들기]를 클릭하면 새 동작 만들기 화면이 나타납니다. 여기에서 [찾아보기]를 눌러 VBS 파일을 선택하고 [확인]을 클릭합니다.

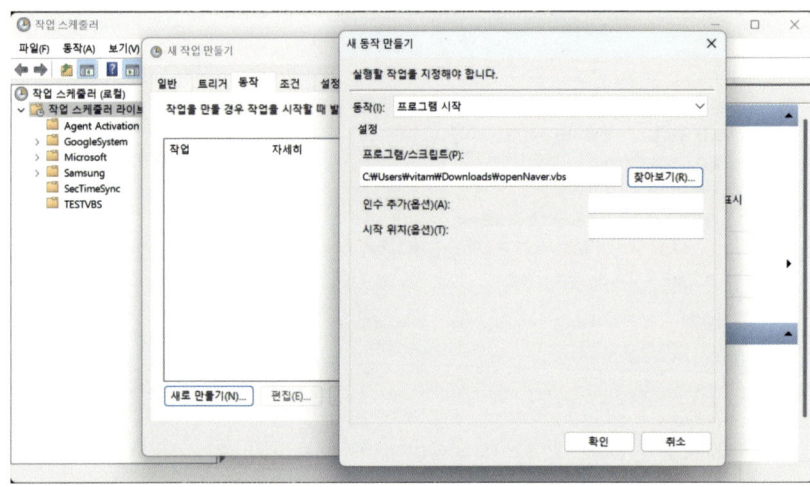

이제 새 작업 만들기 화면에서 [확인]을 누르면 새 작업이 목록 맨 아래에 나타납니다. 정해진 시간이 되면 해당 VBS가 실행됩니다.

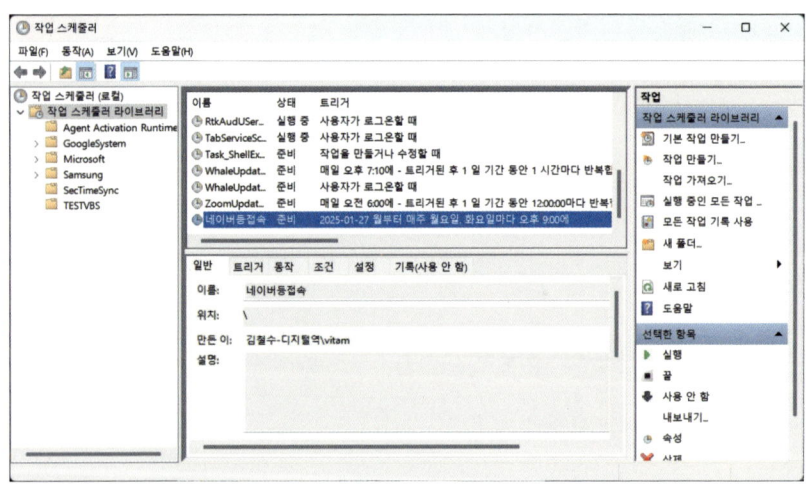

44

JavaScript 라이브러리로 차트 그리기

여러분, 혹시 유튜브에서 수십 년의 변화를 움직이는 차트로 보여주는 영상을 본 적 있나요? 예를 들어 세계에서 가장 큰 기업이 매년 어떻게 바뀌었는지 보여주는 차트가 있습니다.

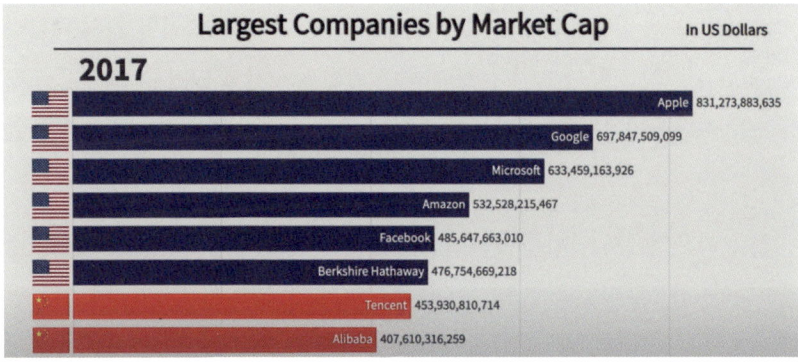

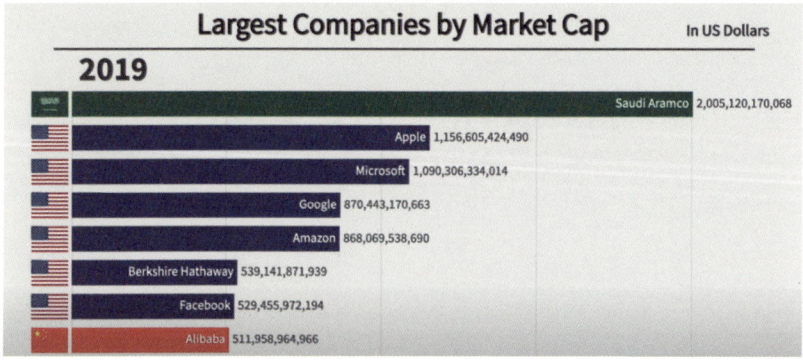

이 차트를 차트 레이스(chart race)라고 합니다. 차트 레이스는 시계열 데이터를 막대나 선의 길이로 표현할 뿐만 아니라 순위도 계속 달라지기 때문에 마치 경마를 보는 듯해서 차트 레이스라고 합니다. 범주가 엎치락뒤치락해서 보고 있으면 흥미롭습니다.

이런 차트 레이스를 엑셀에서는 구현하기 어렵습니다. 그래서 R이나 Python, 또는 Power BI나 Tableau 같은 시각화 도구를 사용합니다. 물론 평소에 쓰는 시각화 도구가 있다면 그 도구를 이용해서 차트 레이스를 구현하면 됩니다.

하지만 보통 직장인이라면 엑셀 외에 시각화 도구를 쓸 일이 거의 없습니다. 또한 시각화 도구를 배우는 것 자체가 어렵고 시간도 많이 걸립니다. 그래서 보통 직장인에게는 웹 브라우저에서 JavaScript로 시각화하는 것을 추천합니다.

웹 브라우저에서 열리는 웹페이지는 HTML, CSS, JavaScript로 구성되어 있습니다. 집으로 비유하면 HTML은 콘크리트 구조입니다. 바닥, 벽, 지붕입니다. CSS는 인테리어라고 보면 됩니다. 이 둘은 프로그래밍 언어가 아니어서 어떤 동작도 만들어내지는 못합니다.

이와 달리 JavaScript는 프로그래밍 언어 중 스크립트 언어에 속합니다. 프로그래밍 언어는 소프트웨어를 개발할 때도 쓰고, 어떤 소프트웨어에서 특정한 작동을 하게 할 때도 씁니다. 여기서 특정 소프트웨어에서 어떤 기능을 작동하게 하는 프로그래밍 언어를 스크립트 언어라고 합니다. 웹 브라우저 안에서 서버와 통신하거나 웹페이지의 내용을 변경하고자 할 때 사용하는 스크립트 언어가 바로 JavaScript입니다.

페이스북이나 트위터, 인스타그램처럼 '좋아요'를 눌렀을 때 화면 변화 없이 '좋아요'가 누른 것으로 나타나게 하거나 네이버에서 검색 결과를 볼 때 다음 페이지를 누르지 않고 마우스 휠만 돌려도 추가 내용이 아래에 나타나는 것 등이 모두 JavaScript를 이용한 것입니다.

이런 JavaScript를 이용하면 차트 레이스 같은 것을 웹 브라우저에서 쉽게 구현할 수 있습니다. 당연하게도 LLM이 JavaScript를 잘 알기 때문에 LLM에게 코딩해 달라고 하면 됩니다.

그런데 문제가 하나 있습니다. 차트 레이스를 만드는 코드가 생각 외로 길다는 것입니다. A4 10장이 넘는 분량을 코딩해야 할 때도 있습니다. 이런 복잡한 작업을 코딩하려면 속도도 느리고 오류도 더 생깁니다. 그래서 개발자들은 남들이 만들어 놓은 코드 덩어리를 그대로 링크를 걸어 가져와서 필요한 코드만 추가하는 방식을 선호합니다. 이때 사용하는 것이 라이브러리와 프레임워크입니다.

새 차를 사서 블랙박스를 달고자 할 때 블랙박스라는 제품을 가져와서 차에 연결만 하면 됩니다. 블랙박스에는 카메라 기능, 녹화 기능, 재생 기능, 배터리 확인 기능 등 다양한 기능이 있어서 이런 기능을 그냥 쓰면 됩니다. 이때 각 개별 기능을 모듈이라고 하고, 이런 모듈 여러 가지가 한데 합쳐 있는 것을 라이브러리라고 합니다.

중고차를 사서 핸들도 바꾸고 휠도 바꾸고 도장도 새로 하고 내부 전자장비도 교체했다고 합시다. 이때 핸들이나 휠은 모듈로 가져와서 설치한 것이고 도장을 새로 한 것은 여러분이 코딩을 한 것입니다. 이 경우 중고차 자체를 프레임워크라고 합니다. 중고차 프레임워크 위에서 코딩을 한 것이라고 볼 수 있습니다. 사실 라이브러리와 프레임워크를 명확히 구별하기는 어렵습니다. 라이브러리이면서 프레임워크이기도 한 경우가 많기 때문입니다.

어쨌든 레이스 차트를 웹 브라우저에서 구현하기 위해 우리는 JavaScript로 만들어진 라이브러리나 프레임워크를 가져와서 씁니다. 이때 차트 만들기를 도와주는 라이브러리나 프레임워크는 Chart.js, FusionCharts, D3.js, Recharts, Google Charts 등 다양합니다. 유료인 것도 있지만, 여기서는 무료로 쓸 수 있는 것 몇 가지를 소개합니다.

우선 Chart.js를 써 보겠습니다. LLM에 Chart.js를 사용해서 간단한 차트를 그려달라고 해보았습니다.

Chart.js를 이용해서 간단한 차트를 그려줘

그러면 다음과 같이 HTML 형식에 JavaScript가 포함된 코드를 짜 줍니다. `<script src="https://cdn.jsdelivr.net/npm/chart.js"></script>`는 Chart.js 라이브러리를 불러오는 역할을 합니다. `<script>`…`</script>`에는 시각화할 차트 종류나 데이터를 설정합니다.

```
<!DOCTYPE html>
<html lang="en">
<head>
    <meta charset="UTF-8">
    <meta name="viewport" content="width=device-width, initial-scale=1.0">
```

```html
<title>Chart.js Example</title>
<script src="https://cdn.jsdelivr.net/npm/chart.js"></script>
</head>
<body>
    <div style="width: 60%; margin: auto;">
        <canvas id="myChart"></canvas>
    </div>

    <script>
        // 차트를 그릴 캔버스 가져오기
        const ctx = document.getElementById('myChart').getContext('2d');

        // Chart.js 차트 생성
        const myChart = new Chart(ctx, {
            type: 'bar', // 막대 차트
            data: {
                labels: ['January', 'February', 'March', 'April', 'May', 'June'], // X축 레이블
                datasets: [{
                    label: 'Monthly Sales', // 데이터 제목
                    data: [12, 19, 3, 5, 2, 3], // 데이터 값
                    backgroundColor: [
                        'rgba(255, 99, 132, 0.2)', // 막대 색상 (투명도 포함)
                        'rgba(54, 162, 235, 0.2)',
                        'rgba(255, 206, 86, 0.2)',
                        'rgba(75, 192, 192, 0.2)',
                        'rgba(153, 102, 255, 0.2)',
                        'rgba(255, 159, 64, 0.2)'
                    ],
                    borderColor: [
                        'rgba(255, 99, 132, 1)', // 막대 테두리 색상
                        'rgba(54, 162, 235, 1)',
                        'rgba(255, 206, 86, 1)',
```

```
                        'rgba(75, 192, 192, 1)',
                        'rgba(153, 102, 255, 1)',
                        'rgba(255, 159, 64, 1)'
                    ],
                    borderWidth: 1 // 테두리 두께
                }]
            },
            options: {
                scales: {
                    y: {
                        beginAtZero: true // Y축이 0에서 시작
                    }
                }
            }
        });
    </script>
</body>
</html>
```

이 코드를 메모장에 붙여 넣고 확장자를 html로 저장한 다음 브라우저에서 읽으면 다음과 같이 차트가 보입니다.

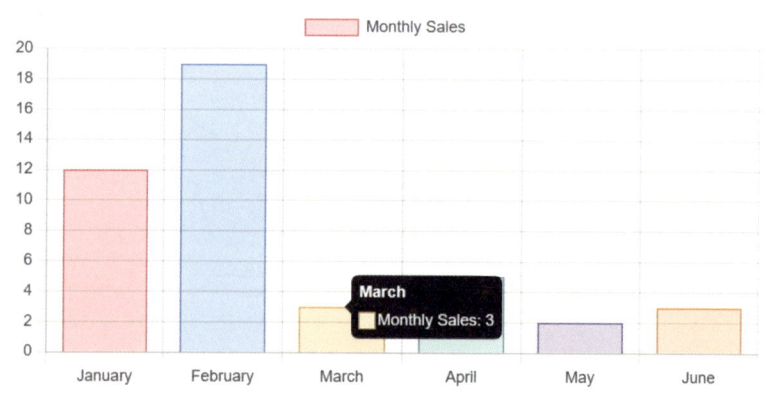

물론 웹 브라우저에서 실행되는 LLM의 화면에서 미리보기 기능을 사용하면 바로 차트를 볼 수 있습니다. 예를 들어 ChatGPT에서는 코드를 캔버스에서 열어서 미리보기를 할 수 있고, Claude는 아티팩트(artifacts) 기능을 사용하면 미리보기가 가능합니다.

이번에는 D3.js를 사용해서 차트 레이스를 만들어달라고 해보았습니다. 구체적인 주제와 데이터 범위도 알려주었습니다.

 D3.js를 사용해서 간단한 차트 레이스 예제를 만들어줘. 데이터는 최근 시가총액 top 10 기업의 5년간 시가총액이야. 순위를 내림차순으로 하고, 연도를 표기해줘. 막대 색깔은 해당 기업 컬러로 해줘.

Claude에서 미리보기한 결과는 다음 그림과 같습니다.

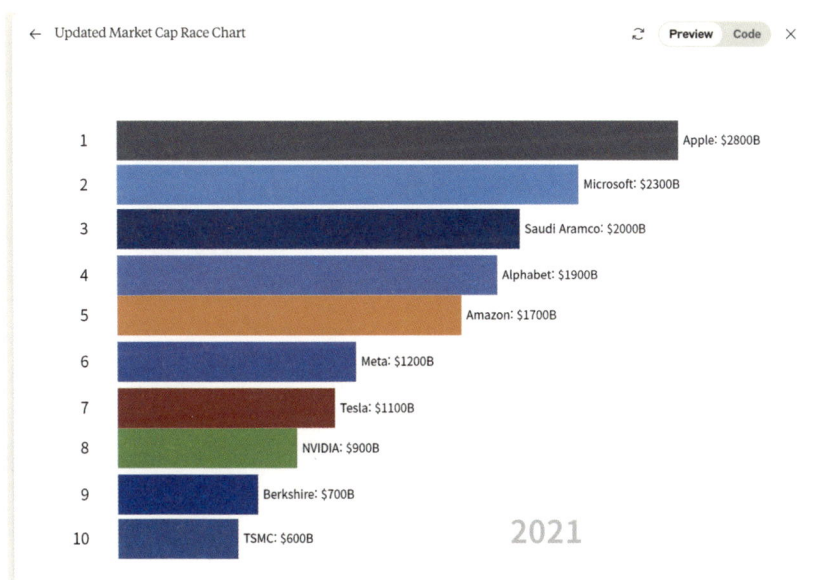

D3.js로 구현할 수 있는 차트는 굉장히 많습니다. 차트 레이스를 포함해서 지도나 히트맵 등 다양하며 모두 애니메이션 기능을 넣을 수 있습니다.

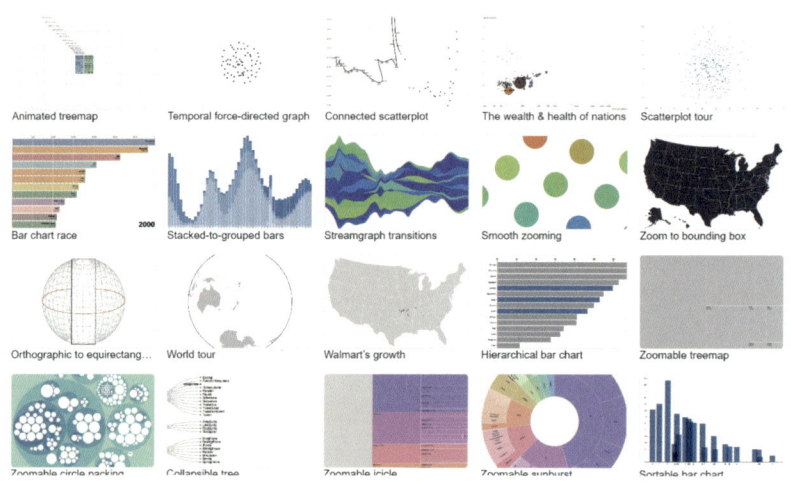

D3.js의 구체적인 설정을 알고 싶다면 LLM에게 물어보거나 https://d3js.org/에서 확인할 수 있습니다.

45

Mermaid 텍스트로 다이어그램 그리기

어떤 것을 설명하거나 구조를 얘기할 때 다이어그램을 많이 그립니다. 일반적으로 다이어그램은 그림 그리듯 그린다고 생각하는데, Mermaid를 이용하면 텍스트와 코드를 사용해서 그릴 수도 있습니다. Mermaid는 사람이 이해할 수 있는 텍스트와 문법을 사용합니다. 간단한 순서도에서부터 복잡한 데이터베이스 구성도까지 그려낼 수 있습니다.

Mermaid도 자바스크립트 기반이기 때문에 웹 화면에서 쉽게 다이어그램을 그릴 수 있습니다. HTML로 만든 코드에서 Mermaid 스크립트를 가져온 다음 "graph TD"로 시작하는 텍스트를 쓰기만 하면 됩니다.

간단한 Mermaid 예제를 HTML 형식으로 줘.

```html
<html>
<head>
    <script type="module" src="https://cdn.jsdelivr.net/npm/mermaid/dist/mermaid.min.js"></script>
</head>
<body>
    <div class="mermaid">
        graph TD;
        A[시작] --> B[처리 과정 1];
        B --> C{결정};
        C -->|예| D[처리 과정 2];
        C -->|아니오| E[처리 과정 3];
        D --> F[종료];
        E --> F;
    </div>
    <script>
        mermaid.initialize({ startOnLoad: true });
    </script>
</body>
</html>
```

예를 들어 간단한 조직도를 살펴보겠습니다. 맨 위에 대표이사가 있고 그 아래에 영업부, 개발부, 관리부가 있습니다. 이것을 그림으로 그리면 다음과 같은 조직도가 됩니다.

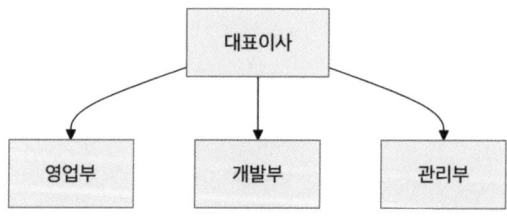

이 조직도의 Mermaid 텍스트는 다음과 같습니다.

graph TD
    CEO[대표이사] --> B[영업부]
    CEO --> C[개발부]
    CEO --> D[관리부]

만약 마케팅부를 추가하고 싶다면 다음과 같이 원하는 내용을 간단히 LLM에 요청하면 됩니다.

 마케팅부를 추가해줘.

graph TD
    CEO[대표이사] --> B[영업부]
    CEO --> C[개발부]
    CEO --> D[관리부]
    CEO --> E[마케팅부]

마케팅부 아래에 마케팅1팀과 마케팅2팀을 넣고 싶은 경우에도 LLM에 얘기하면 됩니다.

 마케팅부 아래에 마케팅1팀과 마케팅2팀을 추가해줘

graph TD
    CEO[대표이사] --> B[영업부]
    CEO --> C[개발부]
    CEO --> D[관리부]
    CEO --> E[마케팅부]
    E --> M1[마케팅1팀]
    E --> M2[마케팅2팀]

Claude 등에서 미리보기를 하면 다음과 같습니다.

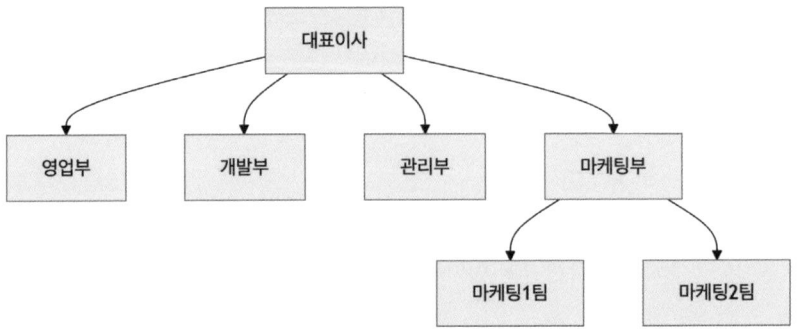

이번에는 마인드맵을 그려보겠습니다. 중심 주제는 유통기업의 신사업으로 해보겠습니다.

 유통기업의 신사업을 주제로 마인드맵을 그려줘.

```
mindmap
 root((유통기업
  신사업))
  (디지털 혁신)
   )퀵커머스
    [당일배송]
    [새벽배송]
    [라스트마일]
   )온라인 플랫폼
    [라이브커머스]
    [구독서비스]
    [멤버십]
   )데이터 비즈니스
    [고객분석]
    [맞춤형 마케팅]
```

(친환경 사업)
　)지속가능 패키징]
　　[재활용]
　　[생분해]
　)친환경 상품
　　[제로웨이스트]
　　[로컬푸드]
　)ESG 경영
　　[탄소중립]
　　[사회공헌]
(공간 혁신)
　)매장 DX
　　[무인매장]
　　[스마트선반]
　　[디지털사이니지]
　)복합문화공간
　　[체험존]
　　[커뮤니티]
　)물류혁신
　　[자동화창고]
　　[로봇물류]
(신규 시장)
　)실버케어
　　[건강식품]
　　[케어서비스]
　)펫케어
　　[펫푸드]
　　[펫용품]
　)구독경제
　　[정기배송]
　　[맞춤배송]

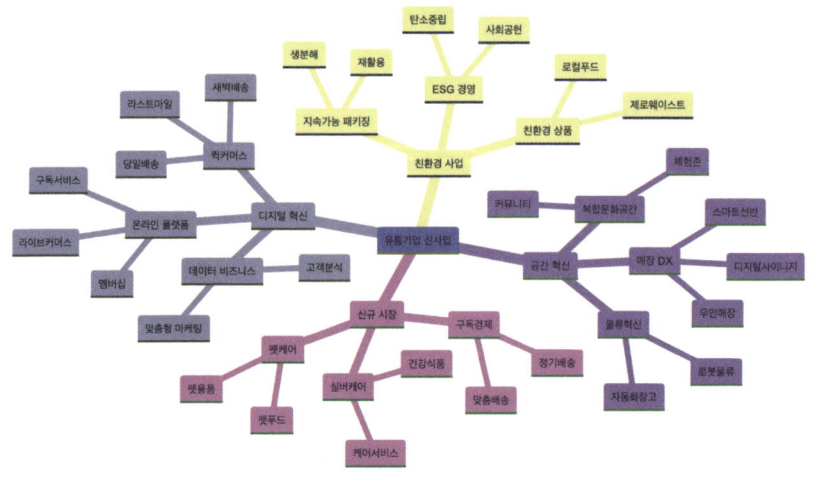

이번에는 간트 차트를 만들어보겠습니다.

 간단한 간트 차트를 그려줘

 gantt
title 프로젝트 일정표
dateFormat YYYY-MM-DD

section 기획
요구사항 분석   :2024-02-01, 2024-02-15
기획안 작성   :2024-02-10, 2024-02-28

section 개발
UI/UX 설계   :2024-02-20, 2024-03-10
프론트엔드 개발 :2024-03-01, 2024-03-30
백엔드 개발   :2024-03-01, 2024-03-30

section 테스트
단위 테스트   :2024-03-20, 2024-04-05
통합 테스트   :2024-04-01, 2024-04-15

```
section 배포
베타 서비스    :2024-04-10, 2024-04-25
정식 런칭      :2024-04-25, 2024-04-30'
```

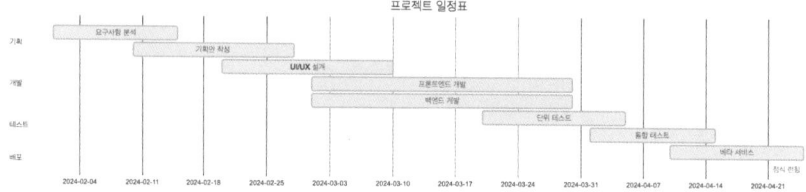

Mermaid에 대해 자세히 알고 싶으면 https://mermaid.js.org/에 접속하여 둘러보기 바랍니다.

원래 일 잘하는 사람이 AI도 잘 쓰는 법

- 자율주행 기술이 뭐지?

- 자율주행 기술을 물류 업체는 어떻게 활용하고 있지?

- 너무 길다. 200자로 정리해줘.

- 점심 뭐 먹지?

- 사장님이 점심에 한턱 내신다고 한다. 점심 뭐 먹지?

- 다음 달에 팀원 대상으로 LLM 프롬프트 작성 교육을 하자고 팀장에게 보고하는 메일을 써줘.

- 다음 달에 팀원 대상으로 LLM 프롬프트 작성 교육을 하자고 팀장에게 보고하는 메일을 써야 한다. 적절한 글쓰기 구조나 방법론, 프레임워크 등을 제안해줘.

- 하나 더 제안해줘.

- 적절한 글쓰기 구조나 방법론, 프레임워크 등을 총 5개 제안해주고, 각각의 설명, 장점, 단점을 표로 보여줘.

- 파트너 고객사 영업대표를 모시고 새로운 프로모션 프로그램을 소개하는 행사를 계획해줘.

- 나는 마케팅팀 팀원이다. 연말에 파트너 고객사 영업대표를 모시고 새로운 프로모션 프로그램을 소개하는 행사를 계획하려고 한다. 내가 너에게 무엇을 알려주면 네가 행사 계획서를 잘 써 주겠니?

- 나는 공장에서 포장설비 담당자다. 설비가 갑자기 고장났다. 팀장에게 이메일로 상황 보고를 해야 한다. 내가 너에게 뭘 어떻게 알려줘야 네가 상황 보고 이메일을 잘 써 주겠니?

- 좋아. 네가 하나씩 질문하면 내가 하나씩 대답하는 방식으로 하자. 내 대답이 모두 끝나면 네가 메일을 써줘. 어때?

- 네가 몇 가지 제안해줘

- 2번 생산 지연이 좋겠다. 그런데 좀더 구체적으로 보고하고 싶다.

- 다음 내용의 글자를 다시 배치해서 의미 있는 문장으로 만들어줘.
  "는이조다단CEO번문화직흡진결과에했족"

- 이렇게 대답한 과정을 설명해줘.
- 다음 내용의 글자를 다시 배치해서 의미 있는 문장으로 만들어줘.
  "는이조다단CEO번문화직흡진결과에했족"
- 이렇게 대답한 과정을 설명해줘.

보통 직장인의 문제 파악력을 높이는 프롬프트

- 문제정의서의 구성 요소를 간단히 알려줘.
- 방금 내용을 그대로 두고 4번과 5번 사이에 "문제 해결 접근 방향 및 예상 원인"을 추가해서 다시 써줘.
- 다음 문제의 정의서를 써 줘.
  애플리케이션팀이 개발해서 스마트폰에 탑재한 캘린더앱을 소비자가 잘 사용하지 않는 것이 문제임.
- 이 정의서에 다음 내용을 반영해 줘.
  당초 월활성사용자수가 1백만이 될 것으로 기대했으나 출시 6개월이 되는 현재 월활성사용자수가 20%에 그침.
- 제품의 기능상 문제를 해결하는 문제정의서 목차를 줘.
- 위 목차로 다음 문제의 정의서를 써 줘.
  우리는 로봇청소기 개발팀이다. 로봇청소기가 청소를 할때 물체에 가까이 붙어서 회전하며 주변을 청소해야 하는데, 책상 다리 같은 견고한 물체는 가능한데, 컵이나 전선 같은 물체는 같이 움직이는 바람에 컵의 물을 쏟거나 전선이 청소기에 말려들어가는 문제가 있다. 이 문제를 물체를 인식하는 AI 기술을 활용해서 해결하고 싶다.
- 이 설문조사에서 문제를 3가지 도출해줘.
- 1번 문제에 대해 문제정의서를 써줘.
- 통계적 근거를 추가해서 다시 써줘.
- 회사 홈페이지가 접속이 안 된다. 혹시 나만 접속이 안되는지 다른 사람도 안 되는지 알려면 어떻게 해야 하지?

- 회사 홈페이지가 접속이 안 된다. 언제 얼마나 접속이 안 되면 문제라고 판단할 수 있을까?
- 회사 홈페이지가 접속이 안 된다. 장애 기간과 사용자수로 문제의 수준이나 단계를 나눠줘.
- 회사 홈페이지가 접속이 안 된다. 장애 기간과 사용자수로 문제의 종류를 2by2 매트릭스로 만들어줘.
- 회사 홈페이지가 접속이 안 된다. 원인이 뭐지?
- 회사 홈페이지 접속이 안 되는 문제를 사전에 파악할 수 있는 방법을 5가지 알려줘.
- 회사 홈페이지 접속 속도나 품질을 개선하거나 강화하는 방법 5가지를 알려줘.
- 회사 홈페이지를 운영하고 있는데, 최근에는 AI나 빅데이터 같은 기술 발전이 꽤 빠르다. 미래에는 많이 변화해야 할 것 같다. 지금부터 무엇을 준비하거나 대비해야 할까?
- 나는 홈페이지 운영을 담당하고 있다. 기술적 유지보수는 다른 팀이 담당한다. 그런데 최근에 자꾸 홈페이지 접속이 잘 안 된다. 상사나 유지보수팀은 그다지 심각한 문제라 보지 않는다. 하지만 나는 문제를 제기하고 싶다. 어떻게 해야 할까?
- 문제 상황을 기록하는 서식이나 형식은?
- 팀장에게 이 문제를 제기하는 이메일을 보내고 싶다. 이메일을 써줘.
- 홈페이지 유지보수팀에 이 문제를 제기하는 이메일을 보내고 싶다. 이메일을 써줘.
- 우리는 TV를 제조하고 판매한다. 이번에 신제품 개발을 위해 포커스 그룹 인터뷰를 하려고 한다. 계획을 짜줘
- 목적을 두 문장으로 서술식으로 써줘.
- 포커스 그룹 수를 3개로 하고 그룹당 참가자를 8명으로 해줘.
- 지금 내용을 워드 파일로 줘
- 이 인터뷰 계획에 따른 질문을 만들어줘.
- 현재 사용 중인 TV에서 가장 자주 사용하는 기능을 묻는 질문에 대해 가상의 참석자 8명의 의견을 가상으로 만들어줘.
- 참가자 8의 의견에 대해 나머지 참가자에게 의견을 물었을 때 가상의 대답을 만들어줘.
- 참가자 대부분이 부정적인 의견을 내도록 다시 만들어줘.

- 부정적 의견의 핵심 키워드 3개를 줘.
- 이 질문에 대한 참가자의 부정적 의견을 정리해서 인사이트를 3개 줘.
- 각 인사이트의 근거를 제시해줘.
- 가정에서 빨래를 접는 로봇을 신제품을 만들어 판매하고자 한다. 시장 규모를 TAM, SAM, SOM으로 추정해줘.
- 가정에서 빨래를 접는 로봇을 신제품을 만들어 판매하고자 한다. 시장 규모를 TAM, SAM, SOM으로 추정하려고 한다. 우선 TAM을 추정해줘.
- 가정에서 빨래를 접는 로봇을 신제품을 만들어 판매하고자 한다. 시장 규모를 TAM, SAM, SOM으로 추정하려고 한다. 우선 TAM을 추정해줘. 신뢰할 수 있는 웹사이트에서 근거를 검색해서 추가해줘.
- 네가 정의한 시장의 SAM을 추정해줘.
- SOM을 추정해줘.
- TAM, SAM, SOM을 간략히 정리해줘.
- 이 결과를 검증하고 의견을 줘.
- 의견을 반영해서 다시 추정해줘.
- 아파트 실내 환기 알림 기기를 개발하려고 한다. BMC를 만들어줘.
- 아파트 실내 환기 알림 기기를 개발하려고 한다. 이 아이디어를 가지고 BMC를 만들고 싶다. 9가지 구성요소에 대해 한 단계씩 네가 질문하면 내가 대답하겠다. 질문과 대답이 모두 끝나면 네가 BMC를 한 장으로 만들어줘.
- 아파트 실내 환기 알림 기기를 개발하려고 한다. 이 아이디어를 가지고 BMC를 만들고 싶다. 9가지 구성요소에 대해 한 단계씩 네가 질문하면 내가 대답하겠다. 이때 내가 참고할 예시 답변도 몇 개 알려줘. 질문과 대답이 모두 끝나면 네가 BMC를 한 장으로 만들어줘.
- 다음은 내가 만든 BMC다. 네가 투자자라고 생각하고 내용을 자세히 검토해서 수정이나 보완할 것을 알려줘.

보통 직장인의 창의력을 높이는 프롬프트

- 냉장고 신제품 아이디어를 줘.
- 카메라와 AI 기술 등을 냉장고에 적용해서 구현할 수 있는 새로운 기능이나 성능을 높일 수 있는 아이디어를 7개 줘.
- 이 중 OOO 아이디어를 300자로 설명해줘.
- 아이디어를 설명하는 방법을 5가지 알려줘.
- 앞에서 설명한 아이디어를 5가지 설명 방법으로 각각 설명해줘.
- 이 아이디어를 여섯 색깔 모자 기법으로 검증해줘.
- 기존 제품을 생산하는 과정에서 적외선 센서 공급이 원활하지 않았다. 매번 늦게 도착해서 제품 생산에 차질이 잦았다. 이런 문제를 해결한 사례가 있을까?
- 이 중 OOO 사례를 200자로 설명해줘.
- 이 사례를 활용할 수 있는 아이디어를 한 가지 줘.
- 이 아이디어를 스토리텔링 방식으로 설명해줘.
- 이 아이디어를 여섯 색깔 모자 기법으로 검증해줘
- 스마트폰 앱 사용성을 높이는 요인 중 상관관계나 인과관계를 분석해 볼만한 주제를 줘.
- 이 아이디어를 제안할 수 있게 아이디어설명서를 써 줘.
- 이 아이디어설명서를 여섯 색깔 모자 기법으로 검증해줘.
- 검증한 내용을 바탕으로 아이디어설명서를 수정해서 다시 줘.
- TRIZ의 40가지 발명 원리를 설명해줘.
- 우리는 자동 청소 로봇 신제품 개발을 담당하고 있다. 기존 청소 로봇이 바닥에서 자꾸 전선이나 노끈과 같이 먼지나 오염물이 아닌 것을 흡입하다 작동이 멈추거나 한다. 청소 로봇이 원래 바닥에 있는 쓰레기나 먼지를 흡입해야 하지만 로봇 작동에 지장을 주는 전선이나 노끈은 흡입해서는 안 된다. 이 모순을 40가지 발명 원리를 이용해서 해결책을 찾아줘.
- 셀프 서비스 원리를 더 활용해서 아이디어를 더 줘.
- 두 번째 아이디어를 모순과 함께 자세히 설명해줘.

- 위 아이디어를 검증해 줘.
- CTQ(critical to quality)가 뭔지 설명해줘
- CTQ 트리를 설명해줘
- 우리는 TV 리모콘에 대해 CTQ를 만들고자 한다. 우리가 수집한 VOC는 다음과 같다.
  "리모콘이 미끄러운지 손에서 자꾸 떨어뜨려요."
- CTQ 트리를 역으로 만들어줘. 다음은 CTQ 기준이야.
  "리모컨 뒷면에 홈이 반복되는 패턴을 추가한다. 홈 깊이는 0.3mm 이상이다."
- 반도체 메모리 실적이 오르는 요인이 뭐가 있지?
- 반도체 메모리 실적이 오르는 외부 요인과 내부 요인을 각각 5개씩 알려줘.
- 반도체 메모리 실적이 오르는 다양한 요인을 범주로 나눠서 각각 5개씩 줘.
- 반도체 메모리 실적이 오르는 다양한 요인을 범주로 나눠서 각각 5개씩 줘. MECE하게 해줘.
- 반도체 메모리 실적이 오르는 다양한 요인을 MECE하게 구분할 수 있는 범주를 제안해줘.
- 반도체 메모리 실적이 오르는 다양한 요인을 외부 요인과 내부 요인으로 크게 나누고 그 안에서 MECE하게 범주를 나눠 각각 3개씩 줘.
- 나는 의사다. 환자 1명이 교통사고가 나서 머리를 다쳐 사망했다. 사망진단서에 직접 원인과, 인과관계를 가진 원인을 1개 이상 적어야 한다. 가능한 원인을 순서대로 알려줘.
- 영업 사원의 수주 확률이 점점 떨어지고 있다. 원인을 분석하고 싶다. 직접 원인, 중간 원인, 근본 원인으로 분석해줘.
- 반도체 에칭 설비의 수율이 점점 떨어지고 있다. 원인을 분석하고 싶다. 직접 원인, 중간 원인, 근본 원인으로 분석해줘.
- 홈페이지 접속 성공률이 점점 떨어지고 있다. 원인을 분석하고 싶다. 직접 원인, 중간 원인, 근본 원인으로 분석해줘.
- 홈페이지 접속 장애가 발생하고 있다. 근본 원인을 5 WHYS로 찾아줘.
- 홈페이지 접속 장애가 발생하고 있다. 사용자 폭증이 원인인 것 같다. 근본 원인을 5 WHYS로 찾아줘.

- 홈페이지 접속 장애가 발생하고 있다. 소프트웨어나 프로그램 문제 같다. 근본 원인을 5 WHYS로 찾아줘.

- 홈페이지 접속 장애가 발생하고 있다. 원인을 5 WHYS로 분석하고 싶다. 네가 먼저 "왜?"라고 질문하면 내가 대답하고, 네가 다시 "왜?"라고 질문하는 식으로 같이 분석해보자. 어때?

보통 직장인의 분석력을 높이는 프롬프트

- 엔비디아를 분석해줘.
- 엔비디아의 경영환경을 분석해줘.
- 엔비디아의 재무 상황을 조사해줘.
- 엔비디아의 마케팅 전략을 보고해줘.
- 엔비디아의 마케팅 전략을 보고하는 프레임워크를 추천해줘.
- 엔비디아의 재무 상황을 조사하는 프레임워크를 추천해줘.
- 엔비디아의 경영환경을 분석하는 프레임워크를 추천해줘.
- SWOT 분석을 해줘.
- 2개 이상의 프레임워크를 섞어서 엔비디아의 예상 전략을 도출해줘.
- 엔비디아와 TSMC를 SWOT으로 비교해서 표로 보여줘.
- 삼성전자 TV 부문의 SWOT 분석을 해줘.
- 강점을 작성할 때 주의할 점은?
- 위 주의점을 토대로 강점을 다시 작성해줘.
- 약점, 기회, 위협도 다시 작성해줘.
- SO 전략, ST 전략, WO 전략, WT 전략을 수립해줘.
- 전략의 우선순위를 정하고 싶다.
- 각 전략별 성과 지표를 만들어줘.
- 우리 회사는 가정용 로봇 산업에 진출하려고 한다. PESTLE 분석을 해줘.

- 각 요인별로 기업에 끼치는 기회와 위협을 도출해줘.
- 기회와 위협별로 우선순위를 정해줘.
- 위 내용을 기반으로 우리 기업의 중장기 전략을 수립해줘.
- 스마트폰 앱 개발업을 5 FORCES로 분석해줘.
- 각 요인이 산업의 매력도와 수익성에 미치는 영향을 분석해줘.
- 우리는 이 시장에 새로 진입하려고 한다. 위 영향을 바탕으로 전략을 수립해줘.
- 우리는 이 시장에서 상위권 플레이어다. 경쟁 전략을 줘.
- 최근 5년 미국 스마트폰 시장 판매량 데이터를 검색해서 5 FORCES로 분석해줘. 실제 데이터를 근거로 보여주면서 분석해줘.
- 엑셀에 스마트폰 제품 할인율과 판매량 데이터가 있다. 두 데이터의 차이나 관계를 분석하려면 어떤 통계 기법을 사용해야 할까?
- 엑셀에서 상관분석을 하는 방법을 알려줘.
- 할인율(%) 판매량(천개)

    할인율(%) 1

    판매량(천개) 0.9421396608 1
- 세 지점이 있고 특별한 차이는 없다. 그런데 세 번째 지점에만 이번에 내부 인테리어를 변경했다. 세 지점의 차이를 통계적으로 분석하는 방법은?
- 분산분석 결과(생략)
- 신입사원을 분류해줘.

    [신입사원명단.xlsx]
- 신입사원을 4가지 유형으로 분류하고 유형별로 이름을 정해줘.
- 신입사원을 6가지 유형으로 분류하고 유형별로 이름을 정해줘.
- 신입사원을 2by2 매트릭스로 분류하고 각 분면의 이름을 정해줘.
- 신입사원을 3by2 매트릭스로 분류하고 각 분면의 이름을 정해줘.
- 신입사원을 3by3 매트릭스로 분류하고 각 분면의 이름을 정해줘.
- 신입사원을 2by2by2 매트릭스로 분류하고 각 분면의 이름을 정해줘.

- 신입사원을 2by2 매트릭스로 분류하고 각 분면의 이름을 정한 다음, 분면별 맞춤형 교육 전략을 수립해줘.
- 다음 댓글에 대해 단어 빈도 분석을 해줘.

  [댓글]
- 감성 분석을 해줘.
- 각 댓글에 대해 10점 척도로 감성 점수를 매겨줘. 10점에 가까우면 매우 긍정, 0점에 가까우면 매우 부정이야.
- 점수 내림차순으로 정렬해줘.
- 각 점수별로 1개씩 댓글을 선택한 다음 왜 그런 점수를 주었는지 이유를 설명해줘.
- 다음 댓글에 대해 토픽 모델링을 해줘.

  [댓글]
- 주제별로 감성 분석을 해줘.
- 지금까지 분석 결과를 가지고 시사점을 5개 도출해줘.
- 이 차트를 보고 인사이트를 3개 알려줘.
- 이 신제품을 담당하는 영업팀장에게 필요한 인사이트를 3개 줘.
- 이 신제품을 담당하는 물류팀장에게 필요한 인사이트를 3개 줘.
- 이 신제품을 판매하는 지점장에게 필요한 인사이트를 3개 줘.
- 이 차트에서 인사이트를 3개 도출해줘.
- A스마트폰 담당 영업팀장에게 필요한 인사이트를 3개 줘.
- B스마트폰 담당 영업팀장에게 필요한 인사이트를 3개 줘.
- 기타 스마트폰 담당 영업팀장에게 필요한 인사이트를 3개 줘.
- 이 시장에 신규로 진입하려는 스마트폰 영업팀장에게 필요한 인사이트를 3개 줘.
- 12월 20일부터 3일간 치러지는 국내 전자통신전시회에 우리 회사 TV 제품을 출품하는 프로젝트를 WBS로 만들어줘.
- 이렇게 단계를 구분한 기준은 뭐지? 혹시 다르게 구분하는 기준이 있을까?

- 네가 말한 기준별로 간단한 WBS를 만들고 장단점을 표로 비교해줘.
- 각 작업의 진척을 어떻게 정하고 진척률은 어떻게 측정하면 좋을까?
- 진척 정보를 포함해서 WBS를 다시 줘. 표로 보여줘.
- 프로젝트 전체 진척률 계산 공식을 만들어줘.
- 엑셀에서 계산할 수 있게 줘.
- 진척에 리스크가 있을 만한 중요 작업을 선정하고 그 이유를 설명해줘.
- 위에서 얘기한 중요 작업의 리스크를 관리하기 위한 체크리스트를 만들어줘.
- 지금까지 나온 얘기를 종합해서 "WBS 기반 전시회 참가 프로젝트 관리"라는 이름으로 워드 문서를 만들어줘.

보통 직장인의 보고력을 높이는 프롬프트

- 부서 간 소통 활성화 보고서의 목차 중 배경을 써 줘.
- 우리 조직문화팀이 부서 간 소통 활성화 보고서를 쓰려고 한다. 문제, 인식, 제약, 결정으로 각각 2~3줄 이내로 간단히 써줘.
- 이 배경을 토대로 보고서 목차 중 목적을 한 문장으로 써줘.
- 기대효과도 한 문장으로 써줘.
- 현재 운영중인 설비 3대 중 한 대가 수율이 너무 낮게 나와서 교체를 검토하고 있다. 우리 부서에서는 당장 교체가 필요하고, 영업과 안전 부서도 동의하는데, 구매팀이 비용 문제로 당장 교체보다는 내년이나 내후년 교체를 요구하고 있다. 그럼에도 불구하고 교체를 하기 위해 보고서를 써야 한다. 이 보고서의 배경을 문제, 인식, 제약, 결정으로 각각 한두 문장으로 써줘.
- 이 배경을 토대로 목적과 기대효과를 각각 한두 문장으로 써줘.
- 다음 내용을 요약해줘.
  아침에 출근을 하기 위해 눈을 떴는데 시계를 보니 평소 기상 시간보다 20분이나 늦었다. 아차차 하면서 얼른 씻고 나가서 회사 가는 버스를 타려 하는데 교통 카드가 없다. 서둘러 근처 편의점에서 교통 카드를 사서 버스를 탔는데 졸다가 회사 정류장을 지나쳤다. 다음 정류장에서 내려서 회사로 걸어오는데 비가 쏟아지기 시작한다. 아차차, 어제 분명 오늘 아침에 비온다고 했는데 우산을 깜빡하고 못 챙겨왔다. 근처 편의점을 들러서 우산을 샀다. 우산을 들고 회사에 왔더니 15분 지각했다.

- 위 내용에서 핵심을 하나만 발췌해줘.

- 위 이야기에서 통찰과 시사를 알려줘.

- 위 이야기를 들은 팀장은 Why so 관점에서 한마디로 뭐라고 할까?

- 위 이야기를 들은 팀장은 So What 관점에서 한마디로 뭐라고 할까?

- 다음 내용에서 오탈자를 찾아서 알려주고, 마지막에는 바로잡아서 줘.

  캠릿브지 대학의 연결구과에 따르면, 한 단어 안에서 글자가 어떤 순서로 배되열어 있지는 중요하지 않고, 첫 번째와 마지막 글자가 올바른 위치에 있는 것이 중다요하고 한다. 나머지 글들자은 완전히 엉진망창의 순서로 되어 있라지도 당신은 아무 문제 없이 이것을 읽을 수 있다. 왜하냐면, 인간의 두뇌는 모든 글자를 하하나나 읽는 것이 아니라 단어 하나를 전체로 인하식기 때이문다.

- 다음 문장을 바로잡아줘.
  "모든 아이들이 손에 꽃들을 들고 자신들의 부모들을 향해 뛰어갔다"

- 다음 문장에서 맞춤법이 틀린 것을 알려줘.
  "그것은 팀장으로써 할 일이 아니다."

- 다음 문장에서 맞춤법이 틀린 것을 알려줘.
  "경비 사용 내역을 백분률로 환산하고 확율과 가독율도 체크해줘."

- 다음 문장에서 띄어쓰기를 바로잡아줘.
  오탈자교정과함께맞춤법이나띄어쓰기도AI가잘합니다.

- 다음 문장을 바로잡아줘.
  "모든 아이들이 손에 꽃들을 들고 자신들의 부모들을 향해 뛰어갔다"

- 다음 문장을 교정해줘.
  대리님~ 오전 미팅 했을 대 세커티를 디벨롭한거 매리지체크해서 리셀해주시고 이슈 메 컵했을 때 락앤 주세요!

- 우리 기술팀에 새로 들어온 경력사원 10명에게 새 노트북을 지급해야 한다. 이 내용을 보고할 때 이해관계 부서는 어떤 부서가 있고, 어떤 역할을 하고, 어떤 이해관계가 있을까?

- 각 부서가 내 보고 내용과 관련하여 무슨 질문을 할까? 부서별로 3개씩 줘.
- 이전까지 데스크탑 PC를 지급했는데 이번에는 좀더 비싼 노트북을 지급한다. 투자와 관련해서 이해관계 부서의 질문도 3개씩 줘.
- 우리 사업부는 가전 제품을 만들어 판매한다. 사업부 소속 신사업팀이 의료 전자 장비 제조 판매를 신사업으로 보고하려고 한다. 이 내용을 보고할 때 이해관계 부서는 어떤 부서가 있고, 어떤 역할을 하고, 어떤 이해관계가 있을까?
- 각 부서가 내 보고 내용과 관련하여 무슨 질문을 할까? 부서별로 3개씩 줘.
- 신사업에 투자가 많이 든다. 이와 관련하여 이해관계 부서별로 무슨 질문을 할지 3개씩 줘.
- 나는 노트북 제조업체에서 일한다. 새로 개발한 노트북의 사용 설명서를 작성해야 한다. 이와 관련한 국내외 표준을 알려줘.
- 위 표준을 기반으로 중요 정보가 누락되지 않도록 포괄성을 가진 사용 설명서 목차를 만들어줘.
- 위 표준을 기반으로 중요 정보가 누락되지 않도록 포괄성을 가진 사용 설명서 목차를 만들어줘.
- 위 목차가 포괄성을 가지는지 다시 한번 검토해줘.
- 안전 목차와 관련한 세부 목차를 알려줘. 중요 정보가 누락되지 않도록 포괄성을 확보해서 줘.
- 이 목차를 기반으로 초안을 작성해줘.
- 제품 안전 설명서에 다음과 같은 경고 내용을 적으려고 한다. 경고 내용이 많지만 우선 순위에 따라 순서를 바꾸려고 한다. 어떤 우선 순위 기준이 있을까?

[경고 목록]

- 좋아. 그 기준으로 경고 목록의 순서를 조정해줘.
- 카테고리를 3개로 나누고, 마지막 카테고리는 기타로 해서 다시 줘.
- 각 카테고리에서 목록을 최대 3개로 요약해줘.
- 독자가 전자제품 개발자거나 청소년일 수 있다. 각각의 경우 먼저 알려줘야 할 경고 3개를 표로 보여주고 근거를 알려줘.

- 다음은 우리 부서의 다음 달 마케팅 과제다. 2by2 매트릭스를 만들어서 과제를 배치해줘.

  SNS 브랜드 분석

  간단한 고객 설문조사 작성

  경쟁사 비교표 만들기

  시장 니즈 파악을 위한 커뮤니티 조사

  SNS 게시물 기획안 만들기

  간단한 광고 문구 제작

  소비자 구매 여정(Customer Journey) 그려보기

- 다른 기준은 뭐가 있지? 앞에서 말한 기준을 포함해서 3가지를 알려주고, 각 기준의 장단점을 표로 설명해줘.

- 우리 부서는 전자제품을 판매하는 마케팅팀이다. 다음 달 마케팅 과제를 보고하기 위한 2by2 매트릭스를 만들어줘.

- 다른 기준은 뭐가 있지? 앞에서 말한 기준을 포함해서 3가지를 알려주고, 각 기준의 장단점을 표로 설명해줘.

- A제품 매출이 1월 98억, 2월 99억이다. 이 내용을 보고서에서 표현해야 한다. 어떤 표현 방법이 있을까? 3가지만 알려줘.

- 매출 변화가 미미하다. 이때 어떤 표현 방법이 좋을까? 하나만 선택하고, 근거를 알려줘.

- 만약 매출이 1월 70억이고 2월 99억이어서 매출이 크게 신장되었다는 것을 얘기하고 싶다면 어떤 표현 방법이 나을까? 하나만 선택하고 근거를 알려줘.

- 이 차트에서 변화를 부각하기 위해 추가하거나 변경해야 할 요소는 뭐가 있을까?

보통 직장인의 IT력을 높이는 인공어 프롬프트

- 엑셀에서 VLOOKUP 함수를 설명해줘.

- A2에 있는 값이 B열에 있으면 C열의 값을 출력하는 수식을 VLOOKUP 함수를 사용해서 만들어줘

- 왜 IFERROR 함수를 추가했어?

- 엑셀 시트 "Sheet1"에서 G열의 값이 "폐기 예정"인 모든 행의 배경색을 노란색으로 칠하는 VBA 코드를 짜줘.

- 엑셀 시트 "Sheet1"에서 다음 조건을 실행하는 VBA 코드를 짜줘.
  - G열의 값이 "대여 중"인 모든 행의 배경색을 빨간색으로 칠해줘.
  - G열의 값이 "수리 중"인 모든 행의 배경색을 파란색으로 칠해줘.

- 엑셀 시트 "Sheet1"에서 G열의 고유값별로 시트를 분리하는 VBA 코드를 짜줘.

- 엑셀 시트 "Sheet1"에서 특정 열을 사용자에게 입력 받은 다음 해당 열의 고유값별로 새 시트를 분리하는 VBA 코드를 짜줘.

- 다음 폴더에 있는 모든 파일의 이름 앞에 "분석용_"를 추가하는 VBA 코드를 짜줘.

  [폴더 경로]

- 다음 폴더에 있는 모든 파일의 이름 앞에 "분석용_"를 추가하는 VBA 코드를 짜줘. 만약 파일 이름에 "분석용_"가 있을 경우 추가하지 말아줘.

  [폴더 경로]

- 다음 폴더에 있는 모든 파일의 이름에서 "분석용"을 "임시"로 바꾸는 VBA 코드를 짜줘.

  [폴더 경로]

- 다음 폴더에 있는 모든 엑셀 파일을 하나로 합치는 VBA 코드를 짜줘.

  [폴더 경로]

- 다음 폴더에 있는 모든 엑셀 파일을 하나로 합치는 VBA 코드를 짜줘. 파일 하나당 시트 하나씩.

  [폴더 경로]

- 다음 폴더에 있는 모든 엑셀 파일의 첫 번째 시트에서 A열 왼쪽에 새 열을 추가한 다음 머리행에 "일자"로 입력하고 데이터가 있는 나머지 행은 파일명의 연월일을 입력하는 VBA 코드를 짜줘.

  [폴더 경로]

- 다음 폴더에 있는 모든 엑셀 파일을 하나로 합치는 VBA 코드를 짜줘. 같은 시트에서 데이터를 추가해줘.

- 파워포인트 모든 슬라이드에서 글자 크기가 40포인트 이상인 글자의 색깔을 모두 파란색으로 바꾸는 VBA 코드를 짜줘.

- 파워포인트 모든 슬라이드에서 글자 크기가 40포인트 이상인 글자의 글꼴을 모두 맑은 고딕으로 바꾸는 VBA 코드를 짜줘.

- 파워포인트 모든 슬라이드에서 모든 표의 모든 테두리를 없애는 VBA 코드를 짜줘.

- 파워포인트 모든 슬라이드에서 모든 표의 모든 셀의 위쪽 테두리와 아래쪽 테두리를 1px 검은색으로 칠하는 VBA 코드를 짜줘.

- 파워포인트 모든 슬라이드에서 모든 표의 첫 번째 행에 있는 모든 셀의 배경색을 노란색으로 칠하는 VBA 코드를 짜줘.

- 다음 행동을 하는 vbscript를 만들어줘.
  - 윈도우에서 크롬 브라우저를 열어서 네이버에 접속하기

- 다음 행동을 하는 vbscript를 만들어줘.
  - 윈도우에서 크롬 브라우저를 열어서 네이버에 접속하기
  - 앞에서 연 브라우저에 새 탭을 추가하고 구글에 접속하기
  - 새 탭을 또 추가하고 www.samsung.com에 접속하기

- 다음 행동을 하는 vbscript를 만들어줘.
  - 다음 폴더에 있는 모든 엑셀 파일의 모든 시트를 하나로 합쳐서 "total.xlsx"로 저장하기
    C:₩Users₩vitam₩abc₩abcdefg

- 다음 코드에서 8행, 46문자에서 문자열 상수가 필요하다는 컴파일 오류가 난다. 코드를 다시 짜줘.

- Chart.js를 이용해서 간단한 차트를 그려줘

- D3.js를 사용해서 간단한 차트 레이스 예제를 만들어줘. 데이터는 최근 시가총액 top 10 기업의 5년간 시가총액이야. 순위를 내림차순으로 하고, 연도를 표기해줘. 막대 색깔은 해당 기업 컬러로 해줘.

- 간단한 Mermaid 예제를 HTML 형식으로 줘.

- 마케팅부를 추가해줘.

- 마케팅부 아래에 마케팅1팀과 마케팅2팀을 추가해줘

- 유통기업의 신사업을 주제로 마인드맵을 그려줘.

- 간단한 간트 차트를 그려줘